EERSTE EDITIE - Gepubliceerd in 2022

Extra grafisch materiaal van: www.freepik.com
Dank aan: Alekksall, Starline, Pch.vector, Rawpixel.com,
Vectorpocket, Dgim-studio, Upklyak, Macrovector,
Stockgiu, Pikisuperstar & Freepik.com Designers

Ontdek gratis online spelletjes

Hier verkrijgbaar:

BestActivityBooks.com/FREEGAMES

5 TIPS OM TE BEGINNEN!

1) HOE OP TE LOSSEN

De Puzzels zijn in een Klassiek Formaat:

- Woorden worden verborgen zonder pauzes (geen spaties, streepjes, ...)
- Oriëntatie: Voorwaarts & Achterwaarts, Boven & Beneden of in Diagonaal (kan in beide richtingen)
- Woorden kunnen elkaar overlappen of kruisen

2) ACTIEF LEREN

Naast elk woord is een spatie voorzien om de vertaling te noteren. Om actief te leren vindt u een **WOORDENBOEK** aan het einde van deze editie om uw kennis te controleren en uit te breiden. U kunt elke vertaling opzoeken en opschrijven, de woorden in de puzzel vinden en ze vervolgens aan uw woordenschat toevoegen!

3) TAG JE WOORDEN

Hebt u al geprobeerd een labelsysteem te gebruiken? U zou bijvoorbeeld de woorden die moeilijk te vinden waren kunnen markeren met een kruis, de woorden die u leuk vond met een ster, nieuwe woorden met een driehoek, zeldzame woorden met een ruit enzovoort...

4) ORGANISEER UW LEREN

Wij bieden ook een handig **NOTITIEBOEKJE** aan het eind van deze uitgave. Of u nu op vakantie, op reis of thuis bent, u kunt uw nieuwe kennis gemakkelijk ordenen zonder dat u een tweede notitieboek nodig hebt!

5) AFGESLOTEN?

Ga naar de bonussectie: **FINAAL UITDAGING** om een gratis spel te vinden dat aan het einde van deze editie wordt aangeboden!

Wil je meer leuke en leerzame activiteiten? Het is Snel en Eenvoudig! Een hele collectie spelboeken slechts **één klik verwijderd!**

Vind uw volgende uitdaging bij:

BestActivityBooks.com/MijnVolgendeBoek

Klaar... Start!

Wist u dat er zo'n 7000 verschillende talen in de wereld zijn? Woorden zijn kostbaar.

We houden van talen en hebben hard gewerkt om de boeken van de hoogste kwaliteit voor u te maken. Onze ingrediënten?

Een selectie van onmisbare leerthema's, drie grote plakken plezier, dan voegen we er een lepel moeilijke woorden en een snuifje zeldzame woorden aan toe. We serveren ze met zorg en een maximum aan verrukking, zodat je de beste woordspelletjes kunt oplossen en veel plezier beleeft aan het leren!

Uw feedback is essentieel. U kunt een actieve bijdrage leveren aan het succes van dit boek door een recensie achter te laten. Vertel ons wat u het meest beviel in deze editie!

Hier is een korte link die u naar uw bestelpagina brengt:

BestBooksActivity.com/Recensies50

Bedankt voor uw hulp en veel plezier met het spel!

Linguas Classics

1 - Metingen

```
F O J N D R L V G S A D T Z S B
L C C U B E U I C N I M I B M R
P I N T Y T S P T Y K A N Y I F
A A O K E E T I N E M F G T W Z
B W T B T M F U M N R K G E A P
U V I N G A Q S S A S L I O W G
K F M V C R R X D M L F O Y O E
F I F X J G U G N A J N A P L E
Z A L C W D O P K L Y Y S K V W
M I V O C Q R I M A R G O L I K
A K V H M Y P G Q D F C S F H B
S A O N S E M I G E M U L O V E
S R G M R V T W K K D B Z U B R
A B B O R E T E M I T N E S U A
T J N H N G U R R A B E L Y H T
Y U I U A D Z O L D H X Q V I O
```

LEBAR
BYTE
SENTIMETER
DESIMAL
KEDALAMAN
BERAT
GRAM
TINGGI
INCI
KILOGRAM

KILOMETER
PANJANG
LITER
MASSA
METER
MENIT
ONS
PINT
TON
VOLUME

2 - Opwarming van de Aarde

R	K	O	L	P	E	R	H	A	T	I	A	N	P	K	P
L	A	N	O	I	S	A	N	R	E	T	N	I	E	R	E
U	Y	B	N	S	N	A	P	E	D	A	S	A	M	S	M
W	Y	W	A	A	A	G	L	Z	L	X	B	L	E	G	B
J	H	Z	E	R	W	N	K	I	T	K	R	A	R	G	A
K	K	R	O	E	U	Q	T	U	T	Q	G	C	I	K	N
I	O	F	S	N	M	N	L	O	N	B	Q	J	N	R	G
D	N	N	J	E	L	A	C	I	I	G	F	T	T	I	U
Q	S	D	S	G	I	H	E	S	O	M	A	Q	A	S	N
D	E	G	U	E	X	A	I	K	L	I	M	N	H	I	A
A	K	U	T	S	K	B	V	O	T	H	C	Y	O	S	N
T	A	S	X	U	T	U	E	K	R	P	Y	I	E	G	X
A	R	U	O	I	G	R	E	N	E	C	S	S	M	A	N
N	A	H	Z	J	W	E	I	N	P	L	E	Y	O	S	U
B	N	U	B	Z	D	P	W	H	S	F	R	V	B	M	A
R	G	T	G	H	I	S	A	L	S	I	G	E	L	Y	X

PERHATIAN
ARKTIK
KRISIS
ENERGI
GAS
DATA
GENERASI
KONSEKUENSI
INDUSTRI
INTERNASIONAL

IKLIM
LINGKUNGAN
SEKARANG
PEMBANGUNAN
PEMERINTAH
SUHU
MASA DEPAN
PERUBAHAN
ILMUWAN
LEGISLASI

3 - Boten

```
L Q T M V W N R N M C J L Y X V
V Y A F E A Y Z M Q I A G N U S
Z B L M W S P K O O C N U Z A E
Z X I I D V I R E F O G S J N E
O M B A K O E N J T K K E P A G
Y A C H T I K A R Y E A D V D L
B I E S G B E W N W S R A W A K
K R K A Y A K X A E U J L W G P
L A P A K G N A I T S S K L R E
R H N N O D P S D T R W K V L
I A B O A S B C Z P J E X W B A
Z B E A U L I A T Q Y K Z B B M
V K W L J B J P M A R I T I M P
J P N A P E R A H U L A Y A R U
X H Z U W V Q W N D M J Z D R N
Y O K T T V F Q E X L H C H Q G
```

JANGKAR	DANAU
AWAK	MESIN
PELAMPUNG	BAHARI
DOK	SEKOCI
OMBAK	SUNGAI
YACHT	TALI
KAYAK	FERI
KANO	RAKIT
MARITIM	LAUT
TIANG KAPAL	PERAHU LAYAR

4 - Chocolade

```
A  W  P  K  B  T  E  E  I  N  O  C  Z  P  Q  B
N  G  K  F  U  C  K  N  K  L  V  K  S  B  V  C
T  Z  H  G  N  A  C  A  K  S  G  N  B  U  T  A
I  A  S  A  R  P  L  Z  W  J  O  S  Z  B  G  A
O  R  Y  D  H  A  K  I  J  Z  Y  T  X  U  K  F
K  O  M  C  N  L  Q  F  T  P  Y  T  I  K  G  D
S  M  H  R  X  E  N  F  L  A  M  V  H  S  W  Y
I  A  Q  Y  K  K  B  Z  J  A  S  R  E  S  E  P
D  P  A  H  I  T  I  F  G  L  M  A  N  I  S  G
A  Y  U  L  T  M  R  F  T  E  T  U  L  F  I  N
N  E  M  R  E  P  O  J  G  Z  P  W  M  A  P  Y
R  L  P  V  D  B  L  E  M  A  R  A  K  V  N  G
P  N  W  Z  Y  G  A  A  E  T  Y  W  A  O  M  M
G  Q  S  T  K  C  K  H  F  B  M  L  K  R  C  W
G  U  L  A  C  L  D  W  A  O  J  G  A  I  Y  F
K  E  I  N  G  I  N  A  N  N  W  G  O  T  F  V
```

ANTIOKSIDAN
AROMA
PAHIT
KAKAO
KALORI
EKSOTIS
FAVORIT
LEZAT
BAHAN
KARAMEL

KELAPA
KUALITAS
KACANG
BUBUK
RESEP
RASA
PERMEN
GULA
KEINGINAN
MANIS

5 - Gezondheid en Welzijn #2

```
W  S  S  K  C  K  K  H  F  T  A  H  Z  T  J  U
F  V  R  E  Z  M  H  G  G  U  L  Z  L  D  L  A
V  R  N  A  H  I  S  R  E  B  E  K  U  X  T  Q
E  M  P  S  P  A  V  D  P  U  R  X  E  P  S  V
Z  U  U  I  R  K  T  B  G  H  G  L  T  R  N  I
J  V  B  K  I  G  R  E  N  E  I  Z  I  G  W  V
I  L  L  V  K  T  N  R  M  G  N  Q  I  H  E  P
V  I  T  A  M  I  N  A  G  X  E  E  R  F  D  D
D  A  R  A  H  K  A  T  A  E  B  P  T  T  T  I
P  I  J  A  T  A  H  W  E  N  D  X  Q  I  I  E
V  L  V  U  Z  S  I  G  Y  I  R  O  L  A  K  T
M  L  J  X  F  H  L  M  V  S  P  E  G  C  A  A
Z  K  N  F  K  A  U  R  F  H  N  Y  C  A  Y  O
C  P  T  N  S  M  M  C  X  K  H  W  U  N  N  F
S  T  R  E  S  U  E  I  N  F  E  K  S  I  E  O
X  F  I  I  N  R  P  A  N  A  T  O  M  I  P  P
```

ALERGI	KEBERSIHAN
ANATOMI	INFEKSI
DARAH	TUBUH
KALORI	PIJAT
DIET	PENCERNAAN
ENERGI	STRES
GENETIKA	VITAMIN
BERAT	GIZI
SEHAT	RUMAH SAKIT
PEMULIHAN	PENYAKIT

6 - Tijd

```
P  S  S  E  K  A  R  A  N  G  D  I  N  I  Z  Y
I  P  S  J  G  K  R  P  S  C  A  G  N  A  I  S
Z  S  H  W  K  H  Q  S  G  R  B  A  U  O  O  A
S  B  O  N  R  S  Y  J  B  J  A  P  H  P  C  B
G  E  H  A  R  I  I  N  I  U  D  R  A  U  L  S
R  D  T  P  J  J  E  W  G  A  L  M  T  W  N  Z
G  I  Z  E  P  K  N  M  N  I  R  A  M  E  K  H
O  W  Y  D  L  N  L  Y  F  W  B  J  N  L  S  A
U  A  M  A  X  A  Q  U  C  B  E  S  O  K  S  U
H  P  E  S  P  N  H  E  F  T  M  E  N  I  T  S
E  S  N  A  J  U  V  X  Q  P  H  L  S  L  Z  J
N  O  Y  M  W  H  Z  Z  I  V  D  A  O  Z  I  F
X  G  E  A  R  A  M  I  N  G  G  U  R  C  I  H
F  T  E  L  D  T  J  E  K  P  H  M  G  I  B  G
D  A  S  A  W  A  R  S  A  K  M  U  H  E  H  Q
Q  A  U  M  K  A  L  E  N  D  E  R  R  B  N  E
```

HARI	BESOK
DASAWARSA	SETELAH
ABAD	MALAM
KEMARIN	SEKARANG
TAHUN	PAGI
TAHUNAN	MASA DEPAN
KALENDER	JAM
BULAN	HARI INI
SIANG	DINI
MENIT	MINGGU

7 - Meditatie

```
P  E  N  E  R  I  M  A  A  N  T  D  F  K  S  H
K  E  S  U  N  Y  I  A  N  A  P  O  K  E  F  H
A  P  C  Y  F  Z  E  V  X  N  Y  A  U  B  U  A
Y  P  E  L  H  E  H  Y  M  U  S  I  K  A  Y  D
O  P  E  R  S  P  E  K  T  I  F  J  H  I  L  N
S  B  A  P  Z  N  G  E  B  P  A  E  N  K  S  A
Y  O  S  L  N  N  W  M  A  E  Z  D  A  A  A  I
U  R  Q  E  A  G  Q  O  N  R  G  N  A  N  E  T
K  F  X  R  R  M  M  S  G  D  L  A  I  A  N  A
U  M  B  T  I  V  L  I  U  A  E  S  G  K  C  H
R  X  S  J  K  G  A  P  N  M  K  A  A  A  I  R
T  G  H  Q  I  Z  T  S  I  A  Y  L  H  R  L  E
W  J  B  H  P  I  N  J  I  I  C  E  A  E  D  P
T  D  K  N  X  Q  E  R  Z  A  P  J  B  G  U  S
Z  V  G  G  B  Q  M  N  Y  N  X  E  E  P  O  V
K  A  S  I  H  S  A  Y  A  N  G  K  K  P  E  A
```

PERHATIAN	KASIH SAYANG
PENERIMAAN	MENTAL
GERAKAN	MUSIK
SYUKUR	ALAM
EMOSI	OBSERVASI
PIKIRAN	PERSPEKTIF
KEBAHAGIAAN	KESUNYIAN
KEJELASAN	PERDAMAIAN
SIKAP	KEBAIKAN
TENANG	BANGUN

8 - Muziek

```
B C O H A J B A K I S A L K N P
N E K F A I F L L A R O U I Y A
M M R R P R O A Z R F A A Y U D
N E K I E M M T Q G B E M N L U
O N U A R E P O V J D M G A I A
F Y S K L A L W N X E D I Y R N
O A B I I R M F A I K I T N I S
R N X Z K A Q A J Q L K T E S U
K Y M B M K D S F L E B M P I A
I I W M B A L A D A K R E M T R
M U S I S I T I B K T E L F I A
V E R M V R F B P I I K O R U V
O Y C R F I U B H S K A D E P B
K L Q G Q Y A L B U M M I O Y A
D C P D R A H W H M U A A Q B F
R W T E M P O M E U V N J B W M
```

ALBUM
BALADA
EKLEKTIK
HARMONI
ALAT
KLASIK
PADUAN SUARA
LIRIS
MELODI
MIKROFON

MUSIKAL
MUSISI
OPERA
REKAMAN
PUITIS
IRAMA
BERIRAMA
TEMPO
PENYANYI
MENYANYI

9 - Vogels

```
X  K  E  B  E  B  F  X  K  U  L  B  Q  X  B  S
I  A  T  N  U  G  N  U  R  U  B  Z  A  U  U  K
D  R  N  A  J  R  A  N  G  S  A  Z  X  G  R  K
O  E  I  C  D  V  U  K  E  N  A  R  I  S  U  Y
K  M  D  U  M  Q  A  N  A  K  I  L  E  P  N  T
M  X  O  O  R  Z  G  I  G  F  T  V  O  T  G  C
C  K  W  T  Q  R  N  U  N  P  L  F  Z  H  H  I
T  Q  X  D  S  K  A  G  A  G  I  E  R  O  A  W
T  Q  V  L  F  H  B  N  L  T  M  P  G  B  N  F
G  Y  F  Z  H  Q  R  E  E  D  E  Z  I  C  T  L
C  U  P  N  I  R  P  P  Q  V  K  L  Z  T  U  A
U  B  L  B  U  R  U  N  G  B  E  O  U  M  H  M
E  Y  A  L  A  M  K  N  S  P  V  C  I  R  Q  I
W  N  Y  E  X  R  X  G  V  S  G  J  Q  E  D  N
I  T  A  P  R  E  M  F  C  U  C  K  O  O  B  G
B  J  M  Z  X  B  T  N  Z  Q  S  Y  E  K  W  O
```

MERPATI	BURUNG PIPIT
BEBEK	BANGAU
TELUR	BURUNG BEO
FLAMINGO	MERAK
ELANG	PELIKAN
KENARI	PENGUIN
AYAM	BURUNG UNTA
CUCKOO	TOUCAN
GAGAK	BURUNG HANTU
GULL	ANGSA

10 - Behoud

```
W D I J N L G G H U P Y M J T B
P O L U S I Z H A V E X N R V A
C D F Z A F U I B K N U A J I H
P W O R S U L K I S D H H M S A
A L A M I Z D L T X I I A E U N
V C B T E K J I A A D F B N K K
G N N R E T E M T Y I Y U G A I
R C C Z X C S S T D K E R U R M
O R G A N I K I E W A M E R E I
P J H T S J H T S H N H P A L A
P E S T I S I D A O A R W N A E
L I N G K U N G A N K T T G W F
Y A G H P T H R K C S E A I A G
D A U R U L A N G X W O A N N M
B E R K E L A N J U T A N Y H Z
P E R H A T I A N V J K M V D D
```

BAHAN KIMIA
BERKELANJUTAN
EKOSISTEM
SIKLUS
KESEHATAN
HIJAU
HABITAT
IKLIM
LINGKUNGAN
ALAMI

PENDIDIKAN
ORGANIK
PESTISIDA
DAUR ULANG
PERUBAHAN
MENGURANGI
POLUSI
SUKARELAWAN
AIR
PERHATIAN

11 - Universum

```
G K T K D Y O M B Y H F B I O X
A E I N G U R E D I O R E T S A
R G L M U H B V D R R O A X V T
I E A O S M I B W R I Q D O A N
S L N N Y O T P O K S E L E T U
B A G O T R K N N D O J Q F I S
U P I R A G A B Q H N A L U B F
J A T T G N A T N I L S I R A G
U N J S Q N K L W H S C M T Z S
R C Z A A T S W A C N K I E O O
A S T R O N O M I K Z D R R D L
J I Y J H C A K M K S W I L I S
M J N B M V C S K A O I N I A T
L I M U B N A H A L E B G H K I
E M I T T G O Y D U Y Q S A L C
G J W A P T X U B M S Q O T E E
```

ASTEROID
ASTRONOMI
ASTRONOM
SUASANA
ORBIT
GARIS LINTANG
ZODIAK
KEGELAPAN
BELAHAN BUMI
LANGIT

HORISON
MIRING
KOSMIK
GARIS BUJUR
BULAN
GALAKSI
TELESKOP
TERLIHAT
SOLSTICE

12 - Wiskunde

```
P B P S E G I T I G A D C O Q L
P E I A B R U Z S P A R A L E L
O X R I R X W J U D I D J B X X
L T T I P A Z O D W S E A H J H
I J E I M O L C U K I S K A R F
G U M G S E X L T L V I X K U D
O M I R A W T M E R I M Y K G I
N L S K L K R E E L D A M Z E A
L A O B O F L O R T O L N F P M
V H Q N B E M U L O V G Y J Q E
E K S P O N E N R Q X S R J Z T
P E R S A M A A N U W T T A F E
G E O M E T R I G E S R E P M R
Y Q F J X V T N P M B M H M Q D
F W V O N I X J E I R S Z A J U
L D H I T U N G D Z G D O V K B
```

BOLA	PERIMETER
DESIMAL	PARALEL
DIAMETER	PARALLELOGRAM
DIVISI	HITUNG
SEGITIGA	JUMLAH
EKSPONEN	SIMETRI
FRAKSI	POLIGON
GEOMETRI	PERSAMAAN
SUDUT	PERSEGI
TEGAK LURUS	VOLUME

13 - Gezondheid en Welzijn #1

```
D  B  L  A  O  I  K  M  K  N  O  M  R  O  H  K
O  A  F  A  R  M  A  S  I  A  P  R  G  H  A  V
K  K  K  T  C  Y  P  G  K  A  R  Q  Q  J  U  J
T  T  R  L  E  A  G  X  P  S  F  F  C  N  Y  A
E  E  E  C  I  R  T  I  S  A  S  K  A  L  E  R
R  R  F  E  G  N  A  Z  I  I  T  P  I  K  F  N
B  I  L  D  G  N  I  P  H  B  W  A  N  L  G  F
X  D  E  E  N  A  A  K  I  E  Y  G  H  G  O  R
I  U  K  R  I  T  I  L  U  K  A  W  T  N  U  S
K  Z  S  A  T  A  X  K  E  F  A  C  X  Z  U  N
O  T  O  T  A  B  O  W  F  V  N  X  M  F  Y  C
J  E  H  N  P  O  A  O  T  V  U  A  Q  E  D  B
V  I  R  U  S  G  L  N  C  M  D  A  K  T  I  F
S  A  R  A  F  N  Z  D  H  Z  N  B  G  G  L  W
Y  H  Z  X  K  E  L  A  P  A  R  A  N  J  N  N
L  I  F  C  I  P  Z  V  U  E  R  Y  H  L  H  A
```

AKTIF	KULIT
FARMASI	KLINIK
BAKTERI	CEDERA
PENGOBATAN	OBAT
PATAH	RELAKSASI
DOKTER	REFLEKS
KEBIASAAN	OTOT
KELAPARAN	TERAPI
TINGGI	VIRUS
HORMON	SARAF

14 - Camping

```
T S H V A D A N A U P I O T Y N
D E H O Q M E T F T O G D M L V
Y O N A K I B J E U H U T D Z E
H L A D O T H R O P O N A L U B
O K G P A W I G R G N U T E M E
N N N A T U H Y C M C N G R U R
J L A S E R A N G G A G C A W C
Q X L D H X X A P Z Q Z A G L K
I G A I Y G E R T Z G R D C X A
I C U R U B R E B K O M P A S B
B L T B I N A T A N G A L I J I
S E E T U P H N R N A L A P J N
S X P Y E T A E G Y Y A B Y E B
T O P I J X N L X D K C C I D W
E L M J V Q K K O T Q H C V L V
C E R I T A I D Y B L T A L I O
```

PETUALANGAN
GUNUNG
POHON
HUTAN
API
KABIN
BINATANG
TOPI
SERANGGA
BERBURU

PETA
KANO
KOMPAS
LENTERA
BULAN
DANAU
ALAM
TENDA
TALI
CERITA

15 - Algebra

```
P  E  W  Q  W  F  D  S  H  Y  N  L  M  G  O  F
E  S  A  L  A  H  C  O  N  R  H  B  O  R  I  A
N  F  R  A  K  S  I  L  Z  M  A  R  G  A  I  D
G  R  G  I  M  T  E  U  G  L  L  O  L  F  S  V
U  T  U  I  I  A  F  S  S  A  M  T  S  I  I  A
R  R  R  M  O  G  S  I  S  F  U  K  S  K  V  R
A  A  U  A  U  A  Q  A  D  Y  J  A  A  W  I  I
N  E  N  O  P  S  K  E  L  D  F  F  T  F  D  A
G  N  U  R  U  K  K  O  W  A  R  H  A  K  Z  B
A  I  O  Y  R  I  P  S  Q  O  H  S  B  J  B  E
N  L  B  L  F  R  K  D  F  V  B  E  R  E  Z  L
G  S  C  H  R  T  Y  X  G  T  G  Y  E  O  N  V
L  W  Q  D  J  A  K  U  A  N  T  I  T  A  S  L
M  Z  N  A  A  M  A  S  R  E  P  G  K  M  M  S
Y  Y  X  W  S  E  A  D  L  U  U  Y  A  Y  N  X
P  I  I  O  Z  P  W  S  Y  C  L  W  T  Z  R  U
```

PENGURANGAN	LINEAR
DIAGRAM	MATRIKS
DIVISI	NOL
EKSPONEN	TAK TERBATAS
FAKTOR	SOLUSI
RUMUS	MASALAH
FRAKSI	JUMLAH
GRAFIK	SALAH
KURUNG	VARIABEL
KUANTITAS	PERSAMAAN

16 - Activiteiten

```
K N A J M S H S D P I C N R U K
U E B A R E O A F G W P K E H E
J F R T A N F T Z F L O E L C S
O E O A C I Y I L U G X R A W E
F K B T M W L V U X D G A K P N
G N J V O I D I N H O N J S Y A
J A H I T G K T Q R B I I A D N
I I L G S A R K U V P P N S O G
P L D P F A C A B M E M A I J A
V H C T H G E U F E F A N W G N
N A S I K U L R C I S C K W T H
T E S I H I R U K P U Z Z L E D
L K Q E A B G B I E D K E L I X
B N A N I A M R E P R V E P V N
G N I C N A M E M H S J A D Q O
H I K I N G G B B E R K E B U N
```

AKTIVITAS
KERAJINAN
FOTOGRAFI
PERMAINAN
MEMANCING
BERBURU
CAMPING
KERAMIK
SENI
MEMBACA

SIHIR
JAHIT
RELAKSASI
KESENANGAN
PUZZLE
LUKISAN
BERKEBUN
KEAHLIAN
REKREASI
HIKING

17 - Diplomatie

```
K E R J A S A M A U I N E G Z Q
D I P L O M A T I K N A Y E Y L
W A R G A D Z U Q I T L K D S O
S O L U S I K E O N E I K I A Z
K I L F N O K I I Q G D E S T C
K E G P O L I T I K R A M K I E
N R A S E B A T U D I E A U N P
A C L M U B Z H P P T K N S U E
I T N A A T U D E K A L U I M M
J A C V O N I N N F S B S O O E
N P F U P E A V A V G A I G K R
A K H X R R V N S O J H A U O I
J C I T I M Y E I O Z A A M A N
R E S O L U S I H C E S N E G T
E H B R T Z J E A I N A B F I A
P S B T G C B U T E H C B P R H
```

PENASIHAT
KEDUTAAN
DUTA BESAR
WARGA
KONFLIK
DIPLOMATIK
DISKUSI
ETIKA
KOMUNITAS
KEADILAN

KEMANUSIAAN
INTEGRITAS
SOLUSI
POLITIK
PEMERINTAH
RESOLUSI
KERJA SAMA
BAHASA
KEAMANAN
PERJANJIAN

18 - Astronomie

```
M A L A M S E M E S T A R O T K
E Z P A S T E R O I D T A H E O
T B S A P H A V M D I C D G L M
E U O I U S I G R G I S I B E E
O M M B R O K E T C S L A U S T
R I S K S A N G Z R A W S S K B
M A O G M E S V X S L H I S O E
Z D K D C W R T V S E Q K A P R
B I N T A N G V R I T T N T U O
D X E C M H N Z A O S O X E W F
I I S Q X P E M O T N N Z L Z N
N E B U L A L Z N V O O S I S Y
A I S A T I V A R G K R M T G E
L T S L C B M F N F Q T I A T A
U W Q X O N I U Q E B S Z U A A
B A T K D U Y X R V T A T T M T
```

BUMI
ASTEROID
ASTRONOT
ASTRONOM
EQUINOX
KOMET
KOSMOS
BULAN
METEOR
NEBULA

OBSERVATORIUM
PLANET
ROKET
SATELIT
BINTANG
KONSTELASI
RADIASI
TELESKOP
ALAM SEMESTA
GRAVITASI

19 - Emoties

```
S  K  B  H  Z  L  Y  Z  A  C  I  L  D  P  V  P
A  A  V  K  K  P  N  J  E  F  I  I  H  N  M  E
K  J  N  M  E  U  M  T  Q  F  N  N  L  K  J  R
B  E  V  T  B  A  R  U  B  E  M  O  T  A  X  D
J  U  L  E  A  S  M  T  R  M  C  W  Q  A  K  A
C  J  V  E  J  I  K  E  B  A  I  K  A  N  E  M
N  F  A  F  M  T  E  N  A  N  G  I  X  J  B  A
N  A  A  R  I  B  M  E  G  E  K  Q  H  J  A  I
L  E  G  A  D  R  U  K  U  Y  S  R  E  B  H  A
I  S  I  Y  K  Y  I  T  A  P  M  I  S  I  A  N
L  P  H  C  N  A  G  N  A  N  E  T  E  K  G  A
K  E  B  O  S  A  N  A  N  N  B  Z  Y  D  I  M
K  E  S  E  D  I  H  A  N  T  A  K  U  T  A  A
Z  D  S  K  E  I  U  M  L  G  Q  C  D  E  A  R
B  U  K  E  B  Q  W  E  C  E  E  T  S  U  N  A
H  C  U  O  J  Y  S  D  W  M  A  L  U  W  T  H
```

TAKUT	KETENANGAN
MALU	SIMPATI
BERSYUKUR	KELEMBUTAN
KESEDIHAN	PUAS
KEBAHAGIAAN	KEBOSANAN
ISI	PERDAMAIAN
TENANG	KEGEMBIRAAN
CINTA	KEBAIKAN
SANTAI	AMARAH
LEGA	

20 - Vakantie #2

```
Z Q Q L I B U R A N B H X Y W T
W K G N B P Q F J F X I A J F R
P E R J A L A N A N H T H E S A
P P S G R E S X A D N E T K K N
E W S G A T I V Z R O P S A P S
R T I N D O V R X G O G J N R P
P H Z B N H C S P E X T B U B O
T A O R A N G A S I N G S B D R
A U N N B J M T R Z P P Z E P T
B E J T U M H E I H A Y Z X R A
F O V U A L U P S J Z C B Z G S
H V W J A I R E K R E A S I M I
P T E I W N F C A M P I N G A V
Y E X Y H K Z N T J Z O B V C S
R E S E R V A S I L A U T A J C
C B W I V H W A S I N G M Q J S
```

TUJUAN
ORANG ASING
ASING
PULAU
HOTEL
PETA
CAMPING
BANDARA
PASPOR
PERJALANAN

RESERVASI
RESTORAN
PANTAI
TAKSI
TENDA
LIBURAN
TRANSPORTASI
VISA
REKREASI
LAUT

21 - Weersomstandigheden

```
M F O V G B Y L Y K S D S L P T
J L L Q H V R D C A R T R N G O
T R O P I S P T K B I G R A B R
Y U Q M P E N A W U T K M G E N
W T I I D L D D R T E I L N A A
G N L T P O E R L L P A S I F D
U U A M E O P N O K S P L R M O
K G N I G N A P O U O I A E S Z
J R G S B A D A I K H Q W K P G
T E I U U J S Y D L U P A E E D
K O T M M A F G B P H T N K L T
B A N J I R S Y M Z U N U P A O
B I F N E W R A O T S H A B N H
D D J S N H P G N I R E K S G M
A M A F H R E H P A V K O L I Q
K I L E M B A B J C E N M H L L
```

SUASANA	BANJIR
PETIR	KUTUB
GUNTUR	PELANGI
KERING	BADAI
KEKERINGAN	SUHU
LANGIT	TORNADO
ES	TROPIS
IKLIM	LEMBAB
KABUT	ANGIN
MUSIM	AWAN

22 - Eten #2

```
M  F  M  M  K  S  F  T  T  R  U  H  G  O  Y  C
Q  L  M  I  A  K  U  J  E  K  D  R  B  Z  Y  W
B  N  Q  K  R  P  X  W  R  U  G  G  N  A  E  B
A  L  M  O  N  D  E  A  O  T  L  B  Z  K  Y  X
O  I  Q  I  S  A  N  L  N  D  J  T  U  L  S  C
B  R  J  K  K  I  W  I  G  N  A  S  I  P  M  B
R  G  C  A  N  A  N  A  S  K  Z  W  O  S  Z  T
O  G  M  N  P  E  R  S  I  K  A  M  B  H  C  D
K  X  A  O  N  X  R  A  R  Z  S  H  D  A  A  A
O  M  P  N  N  C  O  F  G  W  P  C  R  L  E  M
L  R  X  A  D  R  T  V  K  O  A  Q  K  H  U  X
I  D  O  Y  L  U  I  R  W  J  R  R  Y  O  O  N
K  O  H  A  E  L  M  D  B  N  A  W  N  M  Z  V
B  C  N  M  Y  E  X  F  D  U  G  C  G  K  E  B
F  T  O  M  A  T  Z  Y  D  G  U  E  F  Q  K  E
C  J  H  W  G  L  F  S  F  K  S  U  I  C  B  F
```

ALMOND	HAM
NANAS	KEJU
APEL	AYAM
ASPARAGUS	KIWI
TERONG	PERSIK
PISANG	NASI
BROKOLI	GANDUM
ROTI	TOMAT
ANGGUR	IKAN
TELUR	YOGHURT

23 - Klimmen

```
N X G O S S N N D I O W X K K B
Q T Y H T Z E U F B T S P E E W
Y I P I A R E D E C M K I T K E
C Q X K B W V E Q C Y D Y I U G
C O A I I V T P O L G B O N A C
O T D N L M S U A S A N A G T G
N S K G I U E K H E O H X G A U
S L P J T N D D L C Y K I I N A
Z Q C N A H I T A L E P X A P R
A K L V S F V K U N A U D N A P
B A I S A R U N G T A N G A N Z
M Z O S E P A T U B O T P E T A
S E M P I T Y A G S W L G I K A
L T L X W F K F U M Z H F V G H
T E E C K U O X N T N R T S I L
G O H T A N T A N G A N N M Q I
```

SUASANA
AHLI
FISIK
PANDUAN
GUA
SARUNG TANGAN
HELM
KETINGGIAN
PETA

KEKUATAN
SEPATU BOT
CEDERA
PELATIHAN
SEMPIT
STABILITAS
MEDAN
TANTANGAN
HIKING

24 - Geologie

```
L H P T F D N F F K R I S T A L
A K T W C Q Z L C A K M L I U A
P G F B U T M Z I H V U W T G R
I A Z T T G E Y S E R B L K B E
S R I Z Q Q G B O Q I A A A P N
A A R L O K U A R S A P H L M I
N M A S A N Z U E D U M A A Q M
F O S I L Q A X Y J M E R T S L
K C Z W K C S Y W Q A G P S I X
D C L T W A P S D M P F W A S Q
Y M B C Q C R W V O A W I L O P
O C O H T L M A F H Q A Y O Q T
X C X D T L A U N E B E T V O Q
T W K A S C A I R G J A T Q B E
K A L S I U M I G I C J T B Q M
G U N U N G B E R A P I Q U E I
```

GEMPA BUMI	KUARSA
KALSIUM	LAPISAN
BENUA	LAHAR
EROSI	MINERAL
FOSIL	STALAKTIT
GEYSER	BATU
CAIR	GUNUNG BERAPI
GUA	ZONA
KARANG	GARAM
KRISTAL	ASAM

25 - Specerijen

```
C G T R A D P S A X S G K D F R
W B I P E T G Y Z V A N I L A A
K K H E K G N E C X G A Q G K S
P R A B M U T E K R A W F A I A
V A P G P Q N W M S L A E R R E
K N L G O T E Y H Q U B N A P C
G V Y A P H T O I Y P O U M A L
D R S E I R N V T T A P G R P K
N I I Y L A I P U O K L R C Y V
M A N I S W J L P X R B E G D C
L M A F N H H K G G D T E Q W K
W F M O Z E F I N J B J K X R X
B O U S R X B T A M S A D A T Y
Z H Y Z V K X W W W U H P Q I A
X C A K A R I L A I L E S I N A
F F K T M S N T B D D W D J D U
```

ANISE	CENGKEH
PAHIT	PALA
FENUGREEK	PAPRIKA
JAHE	KUNYIT
KAYU MANIS	RASA
KAPULAGA	BAWANG
KARI	VANILA
BAWANG PUTIH	ADAS
JINTEN	MANIS
KETUMBAR	GARAM

26 - Groenten

```
B F B W E K O H C I T R A K Z N
A D A L A S A J K V L U L E A S
W C W U T Q A C V A I M P N I M
A K A B O L N G A X J A E T T S
N S N I K Z Q T I N K J T A U N
G Y G N O R E T T F G Z E N N F
M B P B S E L E D R I O R G E S
E O U B A L C H J O S T S C N V
R H T X V W N A U S L V E G A G
A O I U T S A J C M I Y L M N M
H L H B J W V N S T L C I L E W
M E N T I M U N G Q O J U W R K
A T V E J J T B V O K M K R V V
Y R P J Q C Q X D T O R A M V N
A O Q X F R T W I L R U I T K Y
B W P Z C O N Z D L B K T N Q X
```

KENTANG
ARTICHOKE
TERONG
BROKOLI
KACANG
JAHE
BAWANG PUTIH
MENTIMUN
ZAITUN
JAMUR

PETERSELI
LABU
LOBAK
SALAD
SELEDRI
BAWANG MERAH
BAYAM
TOMAT
BAWANG
WORTEL

27 - Archeologie

```
M  T  K  O  F  U  B  P  P  K  K  I  L  E  R  K
Z  B  I  P  R  Z  F  K  K  E  E  U  R  E  K  H
L  F  J  X  A  I  D  T  S  J  N  F  I  R  C  F
F  O  M  Q  G  T  H  T  X  B  A  E  J  L  L  O
S  M  P  Z  M  D  E  X  R  O  N  I  L  B  H  S
A  H  L  I  E  P  L  H  G  B  U  Z  R  I  L  I
C  D  T  T  N  W  U  K  G  I  R  Z  X  Z  T  L
T  M  I  S  T  E  R  I  N  R  U  J  A  Q  E  I
I  E  U  T  E  M  U  A  N  V  T  V  T  M  C  E
M  T  H  F  U  W  U  N  K  L  E  B  U  A  A  J
E  V  A  L  U  A  S  I  Y  H  K  M  L  K  M  N
Y  I  T  P  E  R  A  D  A  B  A  N  A  A  V  E
V  Y  E  D  I  L  U  P  A  K  A  N  N  M  A  D
J  P  K  V  V  Z  O  V  X  G  H  S  G  C  V  I
R  S  I  S  I  L  A  N  A  V  P  C  X  O  B  E
X  O  D  J  A  M  A  N  D  A  H  U  L  U  V  C
```

ANALISIS	KETURUNAN
PERADABAN	OBJEK
TEMUAN	DIKETAHUI
TULANG	PENELITI
AHLI	JAMAN DAHULU
EVALUASI	RELIK
FOSIL	TIM
FRAGMEN	KUIL
MAKAM	ZAMAN
MISTERI	DILUPAKAN

28 - Dans

```
M  S  Q  T  T  N  E  Z  C  K  N  M  F  X  Q  L
C  E  X  A  Y  N  A  K  A  R  E  G  U  M  E  X
P  F  L  J  H  J  S  E  S  V  X  O  R  S  V  H
K  W  L  O  G  N  U  M  K  P  A  K  I  S  I  A
M  K  O  J  M  R  U  O  M  B  R  B  N  Y  R  K
Q  A  E  Z  R  P  G  S  R  U  T  E  E  V  U  C
R  A  H  M  A  T  A  I  M  D  I  B  S  N  D  O
U  B  H  S  C  E  F  T  C  X  M  K  X  I  V  W
T  R  A  D  I  S  I  O  N  A  L  U  W  H  F  E
B  Q  K  A  M  L  A  U  S  I  V  L  C  U  H  I
U  V  L  A  E  A  W  A  D  G  A  T  Z  D  X  I
D  T  A  O  D  T  J  Q  X  S  H  U  B  U  T  R
A  M  S  F  A  I  U  O  J  J  G  R  P  L  C  A
Y  Q  I  Y  K  H  N  D  M  Z  S  A  H  G  B  M
A  O  K  S  A  A  N  A  L  R  I  L  A  K  V  A
N  L  E  F  F  N  K  O  R  E  O  G  R  A  F  I
```

AKADEMI
GERAKAN
KOREOGRAFI
KULTURAL
BUDAYA
EMOSI
EKSPRESIF
RAHMAT
SIKAP
KLASIK

SENI
TUBUH
MUSIK
MITRA
LATIHAN
IRAMA
MELOMPAT
TRADISIONAL
VISUAL

29 - Ziekte

```
B O U M I K M C A C G N A L U T
M A O Y V C A J E F E C B N M U
L Z K T K B M O R D N I S P E R
J X X T L E M A H R E T A E N E
N Y X F E K O M V Q T A T N U P
H U M E V R V N D F I P I Y L X
E M C A C S I N O R K O N E A B
A K Z S L N T J Z M K R U M R H
Z Q Q Y E E A S M C M U M B Z E
H Q K C U W R T L L Z E I U A R
H J S V I U G G A F X N Q H K E
A T I P A R E T I H G D P A C D
T L N A G N A D A R E P C N C I
I H U B U T J G J F S S A E H T
H Q S Y S M G Y A C J U E Z P E
E O P E R N A P A S A N S K P R
```

PERNAPASAN
ALERGI
BAKTERI
MENULAR
TULANG
PERUT
KRONIS
HEREDITER
GENETIK
PENYEMBUHAN

KESEHATAN
HATI
IMUNITAS
TUBUH
NEUROPATI
PERADANGAN
SINUS
SINDROM
TERAPI
LEMAH

30 - Mythologie

```
B E C L D O I C D P H P Q W S E
C Y I A W P Q E Y E G E U Z T K
B M Z B F A T B V J E T B Z V E
X F N Y H H P H K U L H K A M A
L L A F E L E P E A S F E T U B
Y S M Q A A N F K N B Y A O U A
C Y H C Z W C R U G O U C N K D
F Q O R U A I Y A Y A D U B A I
Q T G J U N P P T S S C R I L A
G U N T U R T B A L A R U A I N
S U D M Y I A E N I K D M G R I
J U T N Y T A N A E A S A X E D
T R R R P E N C I C R N P L P D
H V X G J P J A D N E G E L O Z
V V L V A D P N L A B I R I N P
E U H H X J E A T K Q P H R V X
```

POLA DASAR	KEKUATAN
PETIR	PEJUANG
PENCIPTAAN	LEGENDA
BUDAYA	GAIB
GUNTUR	RAKASA
LABIRIN	KEABADIAN
PERILAKU	BENCANA
PAHLAWAN	FANA
SURGA	MAKHLUK

31 - Eten #1

```
H H N S V C N F A B V P W J C S
M E A U C B G Y I K P J I Z D A
L J J P I E F G S M D I B Z A L
C U E W X D R O J M M V S H G A
G R B A L T U K R K J U S I D
W V I K A U W F Z I C T K I N B
S L E M O N B F V P H O E N G A
L U K V S M A Y A B M K M A N W
W S S Q S T W J E L A I A M A A
A O F U F Y A E E V R R N U C N
S T R N Y T N G U L A P G Y A G
F N L T R L G N R T G A I A K P
E R I O E G L K G B U W C K Y U
T L T I P L P Z R C P N U Q V T
S T R O B E R I P P I S A Q P I
N L B D R Z U D Q M R V G K H H
```

STROBERI   SALAD
APRIKOT   JUS
KEMANGI   SUP
LEMON   BAYAM
JELAI   GULA
KAYU MANIS   TUNA
BAWANG PUTIH   BAWANG
SUSU   DAGING
PIR   WORTEL
KACANG   GARAM

32 - Avontuur

```
A T A N T A N G A N B V D E P
S A T I V I T K A J K T K M V E
A K E S U L I T A N W O Y S W R
I D M R M E N G E J U T K A N J
B E R B A H A Y A K R K U I A A
K N A M E T U G N E A E R S K L
A E A J X Y J J Y S B B X U I A
D G G V E O U G T E K E P T T N
I H W E I E T D A M E R E N N A
T G W V M G M S G P A A R A A N
A L A M M B A V G A M N S F C F
P E S I A R I S U T A I I S E P
Q D A C U U P R I A N A A N K H
B L L M Z Y T Q A N A N P R X C
K F S K M T L H T A N T A C Z C
G E C H L Y C L K C N H N H B I
```

AKTIVITAS
TUJUAN
ANTUSIASME
PESIAR
BERBAHAYA
KESEMPATAN
KEBERANIAN
KESULITAN
ALAM
NAVIGASI

BARU
TIDAK BIASA
PERJALANAN
KECANTIKAN
TANTANGAN
KEAMANAN
MENGEJUTKAN
PERSIAPAN
KEGEMBIRAAN
TEMAN

33 - Restaurant #2

```
I  H  G  U  U  K  Z  U  V  Y  M  J  U  G  S  P
E  A  S  E  K  U  R  S  I  G  U  K  G  A  E  U
X  H  A  P  M  E  R  H  A  P  M  E  R  R  N  F
I  V  L  U  W  M  C  F  G  F  R  Z  B  P  D  T
P  S  A  S  N  A  M  U  N  I  M  E  H  U  O  Q
X  E  D  T  O  A  I  R  A  F  Y  A  X  L  K  R
G  L  L  M  U  D  K  X  I  W  G  R  I  Q  C  G
F  O  H  A  U  B  B  I  S  L  E  Z  A  T  D  E
S  P  J  R  Y  X  R  I  N  A  N  E  U  X  H  W
A  I  M  A  L  A  M  N  A  K  A  M  M  F  I  J
Y  G  W  G  B  T  N  D  K  R  D  I  I  H  T  R
U  N  J  M  P  S  T  Y  A  G  L  R  E  L  A  M
R  L  C  E  G  W  E  O  M  U  X  K  C  I  D  M
A  D  X  Z  U  D  L  H  D  D  K  J  U  X  W  P
N  L  E  K  O  K  U  L  Y  G  U  W  D  E  E  T
X  N  A  T  C  C  R  H  A  E  S  K  Z  Y  Y  Y
```

KUE	MIE
MAKAN MALAM	PELAYAN
MINUMAN	SALAD
TELUR	SUP
BUAH	REMPAH-REMPAH
SAYURAN	KURSI
LEZAT	IKAN
ES	GARPU
SENDOK	AIR
MAKAN SIANG	GARAM

34 - De Media

```
I  P  K  E  T  P  U  J  Y  C  Z  D  I  E  N  U
N  E  O  L  D  E  T  H  W  O  G  A  K  H  S  A
T  N  M  S  O  N  E  Z  R  F  L  R  L  S  G  Q
E  D  U  U  S  D  L  A  K  O  L  I  A  U  P  R
L  A  N  B  U  I  E  P  T  X  U  N  N  Y  O  Q
E  N  I  U  L  D  V  P  K  B  A  G  D  F  M  L
K  A  K  M  A  I  I  J  X  N  P  Z  H  U  W  A
T  A  A  U  Y  K  S  V  P  E  N  D  A  P  A  T
U  N  S  M  H  A  I  S  I  D  E  D  D  J  Y  I
A  I  I  X  P  N  N  T  U  D  H  G  A  A  G  G
L  K  O  M  E  R  S  I  A  L  N  C  C  R  F  I
M  A  J  A  L  A  H  T  K  R  E  I  I  I  A  D
L  P  L  L  U  F  U  Q  O  I  D  A  R  N  K  V
I  N  D  U  S  T  R  I  R  Z  L  J  T  G  T  Z
S  W  T  D  S  K  S  H  A  Z  T  H  U  A  A  J
U  I  K  L  I  V  O  N  M  V  S  S  N  E  G
```

IKLAN	KORAN
KOMERSIAL	LOKAL
KOMUNIKASI	PENDAPAT
DIGITAL	JARINGAN
EDISI	PENDIDIKAN
FAKTA	DARING
PENDANAAN	UMUM
INDIVIDU	RADIO
INDUSTRI	TELEVISI
INTELEKTUAL	MAJALAH

35 - Bijen

```
P  L  O  I  U  H  Y  R  W  A  B  N  C  B  K  S
E  I  V  K  M  I  K  U  Q  R  H  U  M  T  R  E
N  L  M  S  E  R  A  N  G  G  A  R  A  P  S  R
Y  I  C  N  T  A  G  A  A  N  H  A  B  H  A  B
E  N  T  G  S  H  N  N  P  A  E  T  K  E  Y  U
R  D  S  S  I  A  U  A  W  Y  D  U  N  S  A  K
B  R  K  H  S  T  B  K  I  A  V  E  C  O  P  S
U  H  A  F  O  A  R  A  U  S  E  J  B  I  E  A
K  A  M  K  K  M  C  M  C  Y  M  N  E  R  Y  R
N  B  Q  X  E  K  A  W  A  N  A  N  Q  T  E  I
A  I  B  E  R  M  A  N  F  A  A  T  O  S  Y  P
N  T  A  I  E  C  E  U  P  I  K  J  L  I  Q  A
H  A  D  V  A  O  V  B  U  G  Q  B  W  N  L  S
F  T  V  S  V  F  Q  E  C  O  T  J  A  A  K  A
S  A  R  A  N  G  Y  K  Q  F  C  D  Z  L  G  M
T  Z  K  M  B  H  E  E  R  S  K  B  F  V  W  W
```

PENYERBUK	RATU
SARANG	ASAP
BUNGA	SERBUK SARI
MEKAR	KEBUN
PERBEDAAN	SAYAP
EKOSISTEM	MAKANAN
BUAH	BERMANFAAT
HABITAT	LILIN
SAYANG	MATAHARI
SERANGGA	KAWANAN

36 - Wandelen

```
U B P P J D O V P H N U P T P P
G U N U N G N A T A N I B A E U
N N M O W I J Y I K J N J M T N
I S I C D R L A S B V J D A A C
B T E P S A X H A L E L Z N B A
E R T P M H P A T P W W M S X K
T Y G S A A Z B N I I S S T R S
T Q Y W P T C L E H K U M A Y N
A O N N W A U T I T L H B K D A
R I V G U M U B R V I C V J E P
E R R A I L R Z O A M P L X O A
B A T U O D O B O T L L V B W I
M W O Z H O M A Z R D K F L G S
W S I X P K S T P W F M M E O R
A L A M W E U P D H L L D A O E
P W R D L V T V Y R B V C D K P
```

GUNUNG	ALAM
BINATANG	ORIENTASI
BAHAYA	TAMAN
PETA	BATU
CAMPING	PUNCAK
TEBING	PERSIAPAN
IKLIM	AIR
SEPATU BOT	LIAR
LELAH	MATAHARI
NYAMUK	BERAT

37 - Ecologie

```
Y F G V N L A B O L G L F O J P
R K D U U A R O L F L Q A L E B
T A V B Z U A Y M M Y U U P N M
U Y W Q U T D D F A L V N R I G
M I F A A N F A E O D S A D S Q
E N P Y J O V J W B Y D G V J T
V A R I A S I I C F R D H C J T
F G D G V K Y K W U Z E Y R K F
D N J C E A S L A L A M P C R T
H I B B G E O I A L A M I B R A
C R E M E W C M R E L A W A N N
Q E N A T U J N A L E K R E B A
N K D O A H A B I T A T R G E M
Q E C Q S A T I N U M O K T X A
G K P E I G U N U N G H U A L N
H N Z D J I G L R P L V J Q C I
```

GUNUNG
PERBEDAAN
KEKERINGAN
BERKELANJUTAN
FAUNA
FLORA
KOMUNITAS
GLOBAL
HABITAT
IKLIM

LAUT
RAWA
ALAM
ALAMI
TANAMAN
JENIS
VARIASI
VEGETASI
RELAWAN

38 - Biologie

```
R V A N H X H H O Q Y M T X N Q
F E S A R A F B O E N Z I M Q F
R O P A B Y P V Z R T Q Z P K O
S G J T Z C U N K M M Z Q R R T
E E G Y I S A T U M U O W O O O
G T O S P L E M B R I O N T S S
E V O L U S I N E U R O N E M I
Y Q N E P P K O L A G E N I O N
F S Y S D A F Q W U W U V N S T
T N N J L N F Y B T G W P A I E
S S J F S I S O I B M I S N S S
K R O M O S O M A I L A M A M I
R E S P I R A S I L P X K T F S
D W C H D R W S J B A Y J O C G
Z A O C B H X G C Q Z M D M H L
V C B H Y W P S T F H V I I Z H
```

RESPIRASI	HORMON
ANATOMI	MUTASI
SEL	ALAMI
KROMOSOM	NEURON
KOLAGEN	OSMOSIS
PROTEIN	REPTIL
EMBRIO	SIMBIOSIS
ENZIM	SINAPS
EVOLUSI	SARAF
FOTOSINTESIS	MAMALIA

39 - Landen #1

```
M  I  F  D  T  Z  Q  N  P  X  Y  U  T  E  N  R
M  U  Y  Z  A  S  V  M  X  D  V  G  G  K  O  U
I  E  P  I  U  I  R  A  K  L  I  B  Y  A  R  M
N  B  S  J  G  U  V  F  J  K  F  R  Q  M  W  A
B  B  L  I  A  I  S  R  A  E  L  C  L  A  E  N
T  E  N  L  R  L  P  K  I  I  S  J  F  N  G  I
J  D  L  T  A  I  R  A  V  I  D  E  Q  A  I  A
P  R  K  G  K  H  H  M  T  T  H  N  C  P  A  X
J  G  P  A  I  C  Q  B  A  A  O  T  A  O  K  F
E  S  O  M  N  A  U  O  L  L  J  P  K  L  N  Z
R  B  R  A  Z  I  L  J  A  I  I  U  H  O  O  A
M  K  A  N  A  D  A  A  G  A  L  R  L  Y  K  P
A  M  U  F  C  E  P  Q  E  E  M  C  Z  N  O  P
N  O  U  T  O  H  Y  H  N  N  V  Y  E  A  R  X
E  F  D  R  H  P  G  H  E  B  C  E  J  P  A  K
Y  C  W  Y  D  M  C  B  S  F  H  V  A  S  M  D
```

BELGIA	LATVIA
BRAZIL	LIBYA
KAMBOJA	MAROKO
KANADA	NIKARAGUA
CHILI	NORWEGIA
JERMAN	PANAMA
MESIR	POLANDIA
IRAK	RUMANIA
ISRAEL	SENEGAL
ITALIA	SPANYOL

40 - Installaties

```
L Q K T V A R G I Y Y F Y W O O
S U A R E R J N J T D D J O U K
E B M U O L K A Q O W Z Q C Q E
P N E U B M A B B D X F C Q I B
Q A S R T V K R T T V E I D C U
M N R F R Y T U P M U R L S T N
A U Z Q A Y U I N A T O B Y G A
D A U N B S S B V K A C A N G T
V D Z L T I H U P Y B H H O M U
V E G E T A S I U I R L B H D H
J D H K B H O C P J E W H O W L
E X B U N G A T U I H O Q P D B
X H E O T L W K K V A K A R G T
E R Q E G Z D W R P L W A S R V
H B J J S Z A W D V M E X D V P
R B R S J J F L O R A F N W A G
```

BAMBU
BERRY
DAUN
BUNGA
POHON
KACANG
HUTAN
KAKTUS
FLORA
DEDAUNAN

RUMPUT
IVY
HERBA
PUPUK
LUMUT
BOTANI
SEMAK
KEBUN
VEGETASI
AKAR

41 - Agronomie

```
O F K N A P X V R L E S Y W C P
R B Z A G X G R B L N I D I V E
G I G O L O K E J F E S C D J R
A N A I N A T R E P R T X E B T
N N S P Z J P Z A S G E L N E U
I A B E N I H O C X I M I T R M
K R I S E T O M L O C B N I K B
K U M L I X F N F U F P G F E U
H Y P V W E G M P Y S T K I L H
D A Y U P E T R E S M I U K A A
P S K G P R R B D U Z K N A N N
G S T F M O I Y E S Y A G S J P
B Y H B I S W K S G F Y A I U N
N I G S M I K M A F W N N P T W
P R O D U K S I A I T E B C A Q
Z O T V A H A X N J L P B O N S
```

BERKELANJUTAN
EKOLOGI
ENERGI
EROSI
PERTUMBUHAN
SAYURAN
IDENTIFIKASI
PERTANIAN
PEDESAAN
PUPUK

LINGKUNGAN
RISET
ORGANIK
PRODUKSI
SISTEM
POLUSI
AIR
ILMU
BENIH
PENYAKIT

42 - Oceaan

```
U I H W S T W H K J M I Y I X K
D F K R W I W Y T D F E V P B A
A G L A K R N V I S U A P A Y R
N L U U A A G J R U B Y C Z U A
G A W E M M V H S T U F K K I N
C B E C A B O W P B R L P E V G
I I A E R P A N F H U Q G P P A
Y K K T A E G L M D B N E I I T
G Q A L G N O E U A U U V T Z U
C C T N U Y E M E M R W D I A Y
W U I I T U L E B M B F T N E R
P Y R S P O N S I A D A B G E K
X I U J C O V P A N K N I R V Y
K Z G S H H T E R U M B U J G Y
B J B Q T S U A B T C P P B C T
T P E R A H U V F F B X E Z T Q
```

BELUT   GURITA
ALGA   TIRAM
PERAHU   TERUMBU
LUMBA-LUMBA   PENYU
UDANG   SPONS
OMBAK   BADAI
HIU   TUNA
KARANG   IKAN
KEPITING   PAUS
UBUR-UBUR   GARAM

43 - Landen #2

```
N F R A O T J Z H S L P R I F S
P E N U K W P J Y U R H O W Y N
A Q P W S Q N O M R J G I P I I
Y O N A A I E K U I J A R N O G
M L T K L J A T C A D M L V Z L
Z G I N G F W K S H W O A J Z E
E V F L M M P H O V R H N L L L
S X A I S Y A L A M M T D M I D
H X L B S O M A L I A U I S B K
Q C T A I R E G I N M K A K E P
E F G N A P E J R B E R V R R M
A I P O I H T E H T K A Q A I B
B A D N A G U X Y I S I Y M A J
I N D O N E S I A M I N A N U Y
P E R A N C I S O R K A L E E V
O H Q H D D Z O S T O Z K D S K
```

DENMARK
ETHIOPIA
PERANCIS
YUNANI
IRLANDIA
INDONESIA
JEPANG
KENYA
LAOS
LIBANON

LIBERIA
MALAYSIA
MEKSIKO
NEPAL
NIGERIA
UGANDA
UKRAINA
RUSIA
SOMALIA
SURIAH

44 - Bloemen

```
Q V H U W T U L I P F B L P L D
K E H I G G N A M E S U A A Z U
D P R H B X E V A L F K V S V B
A P V N I I T V W G D E E S A A
I T A L E M S V Q X X T N I G G
S L R I U T F C A L I L D O A P
Y P E O N Y S H U R I N E N R L
D A N D E L I O N S M L R F D U
D P R V M N F Z U M A F Y L E M
N A A N G G R E K J W Z D O N E
B C F Q B P M F A R A Z N W I R
V U U F R H Q O L F R D G E A I
S K A P O L E K B H M G P R F A
C A I F C D A Y O L M V L M X G
P O P P Y A I L O N G A M Q S I
V I L O H D K L A I K G W K W N
```

KELOPAK
BUKET
GARDENIA
HIBISCUS
MELATI
SEMANGGI
LAVENDER
LILY
LILAC
DAISY

MAGNOLIA
DAFFODIL
ANGGREK
DANDELION
POPPY
PASSIONFLOWER
PEONY
PLUMERIA
MAWAR
TULIP

45 - Landschappen

```
O  R  J  C  A  R  D  N  U  T  J  B  H  C  I  T
G  S  N  L  W  I  S  P  I  A  G  N  U  S  P  M
G  U  A  N  A  D  G  U  R  U  N  B  Y  K  S  I
G  U  N  V  R  R  O  N  U  J  R  E  T  R  I  A
U  H  N  U  S  E  M  E  N  A  N  J  U  N  G  T
N  N  D  U  N  G  L  E  T  S  E  R  F  P  I  N
U  B  W  U  N  G  Z  E  Z  E  L  L  Q  L  E  A
N  X  H  J  K  G  B  T  E  L  U  K  X  L  A  P
G  L  A  U  T  W  E  E  Q  N  P  X  M  M  C  O
D  W  L  W  Q  X  B  S  R  E  S  Y  E  G  P  Z
W  F  E  D  L  H  U  I  H  A  B  M  E  L  P  Z
O  A  S  I  S  V  D  S  B  U  P  N  V  F  U  E
V  V  U  U  R  I  J  F  Z  G  Z  I  C  Z  L  R
X  K  S  M  K  X  B  A  M  O  F  D  R  I  A  G
J  M  J  J  S  J  Y  G  F  S  E  B  Q  I  U  D
Y  N  N  P  V  Z  A  M  P  V  I  G  D  G  D  F
```

GUNUNG	OASIS
PULAU	SUNGAI
GEYSER	SEMENANJUNG
GLETSER	PANTAI
TELUK	TUNDRA
GUA	LEMBAH
BUKIT	GUNUNG BERAPI
GUNUNG ES	AIR TERJUN
DANAU	GURUN
RAWA	LAUT

46 - Tuin

```
K V T I L M M Y Z G S O E S J G
L T M R B A T U P U K C M B P W
P Y E L A G N U B L X E Z A A I
B P N Z Z M Z B C M T K O N G A
K K Y G M A P N M A J D P G A L
A C A S J L G O P O H O N K R P
H F P M N O R F L Y J F S U W X
L G U X E K V U K I G S E K O P
U K V D U S X J I I N I T T P T
C G E I S A R A G W A V I N E J
F B A V B R L U K E L P D E P J
G S H R S E R A M O E D N U F G
H W Z F C T Q K H P S T A N A H
B E R A N D A W R B U K E B U N
O R C H A R D D H V J T J V C F
Z U L I R Z S X W Z Y S E R I K
```

BANGKU

BUNGA

TANAH

POHON

ORCHARD

GARASI

RUMPUT

MENYAPU

PAGAR

GULMA

BATU

SEKOP

SELANG

SEMAK

TERAS

TRAMPOLIN

KEBUN

BERANDA

KOLAM

VINE

47 - Beroepen #2

```
W G R F I T K E T E D P G A D P
U A I K I G B E D I P I U H O H
H A R Q Y L U X B W Y L R L K M
A W E T G I S U V T X O U I T N
A Z W L A K N U V B H T U B E I
S S B G V W C V F D K V D E R L
A I T R E F A R G O T O F D G U
H K P R R U Y N I S N I O A I S
A U E E O Q H I T U S M L H G T
B L N T F N H M I X C Z I X I R
I E E K D O O N L D E G G Q P A
L P M O I N A T E P M D Y L C T
H J U D T U K A N G K E B U N O
A T G P P A F L E M R O F R W R
N U P H K C P T P F M E P J L Y
P U S T A K A W A N P P R A E T
```

DOKTER
ASTRONOT
PUSTAKAWAN
PETANI
AHLI BEDAH
DETEKTIF
FILSUF
FOTOGRAFER
ILUSTRATOR
INSINYUR

WARTAWAN
GURU
AHLI BAHASA
PENELITI
PILOT
PELUKIS
DOKTER GIGI
TUKANG KEBUN
PENEMU

48 - Dagen en Maanden

```
N  J  S  U  T  S  U  G  A  S  Z  O  B  X  V  J
A  O  I  O  Q  E  D  U  T  Z  A  B  T  X  Z  U
L  O  V  Q  W  N  R  B  E  J  S  B  L  N  S  M
U  L  O  E  Z  I  R  A  U  N  A  J  T  P  E  A
B  V  A  V  M  N  A  R  M  O  L  L  Q  U  P  T
V  E  Y  A  N  B  R  U  T  K  E  R  H  P  T  Z
M  I  N  G  G  U  E  E  A  T  S  J  X  W  E  I
D  W  Z  H  X  Y  Y  R  H  O  E  T  Y  V  M  D
Q  F  Z  D  J  U  L  I  U  B  E  D  G  H  B  V
A  Z  G  R  P  Q  D  P  N  E  B  S  C  Y  E  E
P  K  A  M  I  S  A  V  C  R  S  A  Q  N  R  H
R  E  D  N  E  L  A  K  G  W  B  M  F  B  W  J
I  N  U  J  Q  A  H  U  C  X  T  J  P  P  A  Q
L  R  D  W  B  N  E  W  B  B  L  E  W  K  A  O
D  D  S  U  G  Q  Z  U  V  H  S  V  K  T  O  D
F  E  B  R  U  A  R  I  F  Q  G  I  J  A  X  W
```

APRIL   BULAN
AGUSTUS   SENIN
SELASA   MARET
KAMIS   NOVEMBER
FEBRUARI   OKTOBER
TAHUN   SEPTEMBER
JANUARI   JUMAT
JULI   RABU
JUNI   SABTU
KALENDER   MINGGU

49 - Beeldende Kunsten

```
A  N  T  P  H  R  V  P  Z  T  P  D  B  F  P  K
Q  G  A  O  A  U  J  P  Y  R  W  J  A  Y  E  R
H  C  N  Z  Y  T  L  Q  O  T  O  F  R  Z  R  E
O  R  A  E  R  K  U  A  M  T  L  J  A  K  S  A
O  Y  H  I  A  E  L  N  R  S  R  S  N  E  P  T
P  D  L  L  K  T  P  C  G  T  V  E  G  R  E  I
B  O  I  D  A  I  W  F  R  J  J  L  T  A  K  V
I  O  A  B  H  S  I  N  R  E  P  I  Q  M  T  I
S  I  T  R  A  R  S  J  A  U  W  L  D  I  I  T
I  M  A  E  M  A  H  N  W  N  V  I  X  K  F  A
S  F  M  R  Z  P  E  N  A  U  R  N  E  F  D  S
O  P  E  N  S  I  L  U  S  S  O  B  I  I  B  S
P  P  E  N  Y  A  N  G  G  A  I  A  C  L  K  B
M  K  A  P  U  R  O  C  L  V  O  K  Q  M  Y  A
O  C  H  J  H  N  L  W  X  V  A  O  U  V  T  J
K  N  W  Y  D  P  O  F  Y  G  G  D  Y  L  G  F
```

ARSITEKTUR	KAPUR
ARTIS	MAHAKARYA
PATUNG	PENA
KREATIVITAS	PERSPEKTIF
PENYANGGA	POTRET
FILM	PENSIL
FOTO	KOMPOSISI
ARANG	LUKISAN
KERAMIK	PERNIS
TANAH LIAT	LILIN

50 - Mode

```
J  E  T  F  Y  D  E  N  W  U  A  P  B  P  B  Y
B  Q  Y  N  Q  L  J  K  W  L  S  O  U  E  U  M
H  L  R  N  A  M  A  L  U  S  L  L  K  N  T  R
C  C  V  Y  N  I  S  I  V  P  I  A  E  G  I  D
J  W  U  A  K  G  N  A  J  R  E  T  C  U  K  P
P  H  U  M  E  L  R  B  F  F  R  W  E  K  Q  A
O  R  H  A  Y  A  G  E  W  S  S  D  N  U  D  Y
T  U  A  N  V  H  G  M  N  Q  I  I  D  R  L  G
V  T  F  K  P  A  Y  O  A  D  L  H  E  A  A  K
V  S  O  U  T  M  F  D  I  C  A  T  R  N  K  I
F  K  W  M  Q  I  X  E  A  U  M  P  U  A  A  S
E  E  F  S  B  X  S  R  K  M  I  P  N  G  I  J
Z  T  N  J  G  O  J  N  A  W  N  K  G  E  N  N
A  G  L  M  W  X  L  B  P  K  I  S  A  L  X  O
S  E  D  E  R  H  A  N  A  F  M  T  N  E  V  S
G  N  Y  R  Q  R  R  P  J  P  J  M  Z  T  P  F
```

PENGUKURAN
SEDERHANA
TERJANGKAU
SULAMAN
NYAMAN
MAHAL
ELEGAN
RENDA
PAKAIAN
TOMBOL

MINIMALIS
MODERN
ASLI
POLA
PRAKTIS
GAYA
KAIN
TEKSTUR
KECENDERUNGAN
BUTIK

51 - Menselijk Lichaam

```
I Y L X X S L T U T U L J M A K
Y B H T V V C U E S Y C V C J D
Q O M L O L C R T L P U R I R S
V V J I B F F E N Z I R A J T U
V W X A B N Q P B I T N A E A L
N Y J P Z O C A U K F A G A N I
L O K F Y V U X I L R D F A G D
S J Q L Q X G V T F Z L U S A A
W X I O A I S Q A U H A B O N H
A W H W D U R E H E L P Q T E E
L P L H I K A K A B S U M A N L
K U L I T I H K R P D M M K D T
R J Q V E S A L A P E K C L N L
Z S H M O K N T D L E O C T P W
D A G U U P G Z A D H I D U N G
N N K D K F A B G M N G O A S A
```

KAKI	LUTUT
DARAH	PERUT
SIKU	MULUT
TANGAN	LEHER
HATI	HIDUNG
OTAK	MATA
KEPALA	TELINGA
KULIT	BAHU
RAHANG	LIDAH
DAGU	JARI

52 - Energie

```
Z  X  D  Q  P  P  M  R  A  H  K  V  Y  R  A  B
R  N  Z  F  T  X  I  U  T  N  A  E  D  M  I  A
J  O  A  X  U  K  D  Y  S  Y  C  K  W  P  E  T
P  N  Q  N  R  A  L  P  A  N  A  S  Q  A  H  E
R  A  K  A  B  N  A  H  A  B  C  L  Q  J  M  R
I  G  V  K  I  S  U  L  O  P  A  U  W  R  Q  A
L  N  D  U  N  E  X  M  N  R  D  A  S  O  H  I
K  U  V  R  O  E  N  O  T  O  F  M  J  J  E  L
U  K  K  A  R  D  G  T  L  Y  V  Z  G  X  N  Z
N  G  Q  B  T  I  M  O  N  I  S  N  E  B  T  J
I  N  M  R  K  E  T  R  R  T  S  E  Z  L  R  Q
G  I  F  E  E  S  W  G  H  D  W  T  X  Q  O  E
N  L  Q  T  L  E  Y  W  P  Y  I  P  R  F  P  I
A  M  E  R  E  L  A  I  T  X  K  H  R  I  I  F
K  A  R  B  O  N  I  N  D  U  S  T  R  I  K  Y
S  Z  Q  O  X  X  C  U  H  I  A  V  Y  S  P  R
```

BATERAI
BENSIN
BAHAN BAKAR
DIESEL
LISTRIK
ELEKTRON
ENTROPI
FOTON
TERBARUKAN
INDUSTRI

KARBON
MOTOR
NUKLIR
LINGKUNGAN
UAP
TURBIN
POLUSI
PANAS
HIDROGEN
ANGIN

53 - Gebouwen

```
T Q Q S A T I S R E V I N U I S
E E X M U I R O T A V R E S B O
U H A A M P I L U Z S T L Q W T
N A A T U D E K I R B A P F A J
S L R F E T P R I D B X C B G F
T O A B S R C E M P Q F W U W C
A K N O U G P C R A G U D A N G
D E E A M T F E L T R Z K G I T
I S M P O K S O I B A K F G B E
O Z E A Z S Y A T P W N E A A N
N N E R F Q A J S D V X I T K D
K M S T R M T G A D K I I A V A
S I L E T O H F K M Z Y J F N D
W M X M L A B O R A T O R I U M
S N Q E R U M A H S A K I T U M
K S B N U T N E S P V F Y X Q V
```

KEDUTAAN
APARTEMEN
BIOSKOP
PERTANIAN
KABIN
PABRIK
HOTEL
KASTIL
LABORATORIUM
MUSEUM

OBSERVATORIUM
SEKOLAH
GUDANG
STADION
SUPERMARKET
TENDA
TEATER
MENARA
UNIVERSITAS
RUMAH SAKIT

54 - Beroepen #1

```
T H U F N H L E B B T T U A T A
L U U C G Y B D K N P D S W W H
R I K N A B S I N A I P W M P L
F S A A T G B T A G R Q U H S I
D I T P N E B O N A W U M L I G
H S Z S O G R R E Z T S X O K E
Q U P R M T L H Q D P N Y R O O
O M N D I B E E D O K T E R L L
A T L E T T V K D J V K A A O O
H J F X G B I G E E Y S S G G
P E R A W A T L Q R N B T E O I
P E N G A C A R A T K G R B O R
P E R H I A S A N Z B T O A M A
D O K T E R H E W A N C N T K N
H Y M Q K D F W F Y L P O U Y E
K A R T O G R A F E R O M D M P
```

PENGACARA
DUTA BESAR
APOTEKER
ASTRONOM
ATLET
BANKIR
KARTOGRAFER
PENARI
DOKTER HEWAN
DOKTER

EDITOR
AHLI GEOLOGI
HUNTER
PERHIASAN
TUKANG LEDENG
MUSISI
PIANIS
PSIKOLOG
PERAWAT
ILMUWAN

55 - Antarctica

```
A G Z V S P F S B J Y R S J N G
V W N G R P L Z D X I W N Q M E
B X A Y I D C I K B M K V D W O
R V A N S J Z V N J V C A I U G
B E N U A F H O T G E H M Y G R
M E I A V G L B L Q K U L E T A
I K U L R E S T E L G U C I Q F
G S G U E T T S J B Y H N D E I
R P N P S N F D E S U H U G Z K
A E E J N D C V U S M E Y M A G
S D P W O P E N E L I T I I K N
I I J Y K C O R I A T R E N Y Y
W S N T O P O G R A F I S E I W
Q I K I I L M I A H Y I C R X M
B X U N I F E Z L Y R C F A P R
S E M E N A N J U N G K O L I E
```

TELUK
KONSERVASI
BENUA
PULAU
EKSPEDISI
GEOGRAFI
GLETSER
ES
MIGRASI
MINERAL

LINGKUNGAN
PENELITI
PENGUIN
ROCKY
SEMENANJUNG
SUHU
TOPOGRAFI
AIR
ILMIAH
AWAN

56 - Ballet

```
I  J  B  L  S  D  E  K  W  D  F  A  L  U  A  K
L  V  S  K  A  O  T  O  T  C  Y  J  U  C  R  O
R  B  I  E  T  T  E  L  J  Y  M  R  L  R  T  M
X  W  K  A  I  B  I  P  R  A  K  T  E  K  I  P
I  K  A  H  S  P  A  H  K  Y  K  U  K  L  S  O
R  K  P  L  N  S  R  L  A  B  R  V  W  T  T  S
A  I  Y  I  E  J  T  J  E  N  W  A  H  E  I  E
N  N  Y  A  T  B  S  B  L  R  K  D  A  A  K  R
E  K  G  N  N  V  E  U  S  N  I  R  I  D  A  H
P  E  N  G  I  O  K  I  U  C  S  N  H  N  S  C
R  T  Q  A  U  W  R  K  M  O  U  E  A  A  O  Q
O  E  P  R  S  N  O  O  R  I  M  S  M  B  A  R
T  E  P  U  K  T  A  N  G  A  N  G  A  Y  A  H
K  O  R  E  O  G  R  A  F  I  P  T  R  G  Z  J
E  K  S  P  R  E  S  I  F  U  D  V  I  F  Z  V
R  Y  L  R  G  I  B  A  G  H  E  Q  E  L  N  R
```

TEPUK TANGAN	ORKESTRA
ARTISTIK	PRAKTEK
BALERINA	HADIRIN
KOREOGRAFI	LATIHAN
KOMPOSER	IRAMA
PENARI	ANGGUN
EKSPRESIF	OTOT
SIKAP	GAYA
INTENSITAS	TEKNIK
MUSIK	KEAHLIAN

57 - Fruit

```
B  B  E  R  R  Y  W  J  L  G  B  D  W  N  A  D
M  T  R  I  X  X  W  B  E  E  R  B  I  E  T  J
S  E  U  P  V  T  Z  L  M  B  P  S  S  C  R  E
J  N  L  U  K  E  P  U  O  G  R  A  B  T  V  R
O  U  P  O  I  R  F  E  N  N  I  N  Y  A  R  U
J  L  G  W  N  T  O  K  I  R  P  A  J  R  A  K
D  N  Z  O  O  A  P  H  W  R  G  N  R  I  S  J
A  N  G  G  U  R  I  K  I  R  E  G  J  N  P  A
Y  H  M  I  A  A  S  E  K  Q  N  C  U  E  B  L
A  C  A  H  K  S  A  L  V  T  K  I  S  R  E  P
P  H  A  L  S  V  N  A  Q  R  C  H  F  Z  R  U
E  P  R  E  M  V  G  P  T  S  Y  H  A  M  R  K
P  Q  O  D  F  R  L  A  E  J  Q  U  N  V  Y  A
L  B  Y  B  O  R  Y  C  C  B  V  A  J  M  S  T
Z  C  G  G  N  H  Z  C  E  S  Q  J  A  O  H  A
D  W  E  A  M  A  N  G  G  A  C  P  B  E  N  Y
```

APRIKOT	KIWI
NANAS	KELAPA
APEL	MANGGA
ALPUKAT	MELON
PISANG	NECTARINE
BERRY	JERUK
LEMON	PEPAYA
ANGGUR	PIR
RASPBERRY	PERSIK
CERI	PREM

58 - Engineering

```
W K H J Z U W Y L B Q Z J K S B
N A K E S E G S U D U T H O N E
A B G Q R T N E N E R G I N C Z
V S N V Z M A R G A I D F S B O
K C H F F I T B E L X O Q T W K
Y A K I I I A G I S A T O R R S
Z L L X U G U O H L G B H U D D
N K M K U D K P W S I X N K B L
C A I R U X E U R V X T I S K C
M E S I N L K K N O S N A I S Q
B N A M A L A D E K P H I S U M
G Y M G T K R S A L Z U O B M C
D I A M E T E R I S S R L D B S
N A R U K U G N E P A X A S U S
O M O T O R U T K U R T S J I P
P U R D I E S E L H A T O Q F U
```

SUMBU
KALKULASI
GERAK
KONSTRUKSI
DIAGRAM
DIAMETER
KEDALAMAN
DIESEL
ENERGI
SUDUT

KEKUATAN
MESIN
PENGUKURAN
MOTOR
ROTASI
STABILITAS
STRUKTUR
CAIR
PROPULSI
GESEKAN

59 - Literatuur

```
I  K  A  B  F  F  I  F  A  R  G  O  I  B  W  T
G  E  N  N  A  G  N  I  D  N  A  B  R  E  P  R
A  S  A  Z  G  Y  W  K  G  B  N  H  H  W  K  A
Y  I  L  P  A  S  G  S  Y  G  O  L  A  I  D  G
A  M  I  J  M  N  Y  I  L  C  V  Y  X  K  V  E
F  P  S  Y  C  E  E  C  C  R  E  H  R  G  V  D
L  U  I  I  N  E  T  K  S  I  L  U  N  E  P  I
E  L  S  W  T  A  P  A  D  N  E  P  O  V  L  G
A  A  I  R  A  M  A  M  F  O  S  A  J  A  K  O
P  N  Z  A  R  P  U  E  R  O  T  A  R  A  N  L
Z  U  C  P  R  P  D  T  O  D  R  H  L  X  H  A
I  P  I  V  X  E  L  I  J  C  R  A  K  N  Z  N
R  L  M  T  P  U  I  S  I  A  N  F  N  Q  H  A
E  C  P  A  I  T  P  Q  C  F  Z  R  M  U  Y  R
K  N  N  P  Y  S  P  P  V  X  L  Y  S  E  D  M
Q  H  L  J  W  Q  L  E  B  Y  U  A  Z  C  D  J
```

ANALOGI	METAFORA
ANALISIS	PUITIS
ANEKDOT	SAJAK
PENULIS	IRAMA
BIOGRAFI	NOVEL
KESIMPULAN	GAYA
DIALOG	TEMA
FIKSI	TRAGEDI
PUISI	PERBANDINGAN
PENDAPAT	NARATOR

60 - Boeken

```
D  R  L  B  K  O  N  T  E  K  S  W  N  R  P  P
A  M  B  J  D  K  C  C  V  R  W  F  R  O  E  E
W  F  Y  Z  J  N  C  N  T  N  O  A  F  K  M  T
U  R  G  M  X  E  K  A  K  R  Q  T  A  W  B  U
T  Q  R  J  L  S  U  M  X  A  S  N  A  I  A  A
L  D  A  J  I  G  H  A  M  Y  R  M  U  R  C  L
D  Q  V  R  H  G  M  L  Q  F  W  F  U  W  A  A
O  E  R  E  L  E  V  A  N  V  E  O  A  L  N  N
T  C  U  D  T  E  K  H  S  I  L  U  N  E  P  G
B  Q  I  U  T  R  A  G  I  S  S  T  P  V  F  A
K  U  S  A  D  I  T  U  L  I  S  A  H  O  W  N
H  F  K  L  A  I  A  U  C  U  L  P  S  N  H  Q
E  E  E  I  Z  V  W  E  H  P  G  Q  R  T  D  T
R  Q  L  T  P  R  I  N  V  E  N  T  I  F  R  H
P  T  O  A  C  E  R  I  T  A  A  T  R  V  U  A
A  D  K  S  I  R  O  T  S  I  H  T  Q  X  T  F
```

PENULIS
PETUALANGAN
HALAMAN
KOLEKSI
KONTEKS
DUALITAS
EPIK
DITULIS
HISTORIS
LUCU

INVENTIF
WATAK
PEMBACA
SASTRA
PUISI
RELEVAN
NOVEL
TRAGIS
CERITA
NARATOR

61 - Meer Informatie

```
I  D  W  U  B  H  Y  L  O  Q  C  V  V  O  E  B
G  N  K  P  N  T  D  G  Z  L  X  X  J  Z  K  B
O  A  L  E  C  S  I  T  S  I  L  A  E  R  S  N
L  K  I  O  C  Z  C  B  I  U  C  F  Z  N  T  C
O  A  S  B  H  T  H  R  T  D  J  U  A  J  R  Y
N  D  K  K  E  B  P  G  S  S  B  T  W  H  E  D
K  E  A  R  E  N  I  J  A  M  I  U  A  Y  M  I
E  L  L  I  M  X  M  L  T  D  O  R  G  W  X  S
T  P  A  J  P  F  I  M  N  J  S  I  A  P  I  T
I  I  G  B  N  O  R  L  A  C  K  S  I  J  I  O
V  H  S  Q  S  Q  T  G  F  A  O  T  N  H  L  P
X  S  Q  K  M  N  E  U  O  K  P  I  U  Q  U  I
O  R  A  C  L  E  U  B  L  X  T  K  D  W  S  A
P  L  A  N  E  T  S  K  E  N  A  R  I  O  I  I
R  O  B  O  T  K  S  C  U  L  J  I  P  U  O  Y
L  R  Q  S  X  U  P  W  O  B  W  N  E  D  Z  I
```

BIOSKOP	GAIB
BUKU	ORACLE
API	PLANET
IMAJINER	REALISTIS
DISTOPIA	ROBOT
LEDAKAN	SKENARIO
EKSTREM	GALAKSI
FANTASTIS	TEKNOLOGI
FUTURISTIK	UTOPIA
ILUSI	DUNIA

62 - Haartypes

```
B  B  C  U  T  N  T  C  P  P  Z  D  L  Y  F  A
O  Q  E  G  E  A  N  F  L  F  D  B  I  T  W  B
T  H  P  R  A  I  I  K  G  Q  G  Y  Q  T  K  U
A  T  R  E  K  P  A  N  J  A  N  G  D  E  P  A
K  G  N  A  R  I  P  S  V  B  A  N  I  B  E  B
B  N  U  Y  I  A  L  O  G  U  B  I  K  A  N  U
S  E  V  G  R  H  K  A  T  Z  M  R  E  L  D  K
L  G  R  K  Q  H  I  T  U  P  O  E  P  M  E  E
V  H  P  W  V  H  Y  A  B  C  L  K  A  W  K  R
D  X  N  P  A  B  V  H  M  B  E  I  N  N  M  I
H  I  T  A  M  R  F  E  E  A  G  N  G  J  K  T
T  I  P  I  S  Y  N  S  L  X  R  O  U  O  I  I
I  B  A  V  I  V  K  A  J  S  E  V  Q  A  D  N
Y  B  U  D  K  Y  Y  M  T  L  B  P  I  N  Q  G
W  H  B  J  A  S  W  S  J  C  O  K  E  L  A  T
O  F  E  N  L  V  N  I  A  W  V  P  L  I  J  X
```

PIRANG
COKELAT
TEBAL
KERING
TIPIS
BERWARNA
DIKEPANG
SEHAT
BERKILAU
BERGELOMBANG

ABU-ABU
BOTAK
PENDEK
IKAL
KERITING
PANJANG
PUTIH
LEMBUT
PERAK
HITAM

63 - Stad

```
T M Q F T T F G A O C E T M G S
P E U L Z O G G G A Y E O G V E
B E A S L K N A R O T S E R O K
I T R T E O I L P I G J T T H O
O O A P E U H E I Q I I S A O L
S K S D U R M R E A K N I G T A
K O A K V S S I R R T R R I E H
O R P L E O T S T A D I O N L M
P O D I F A K A L D Z K L N B K
D T N N F P E I K N A B F R J I
L I N I B T E K R A M R E P U S
B O T K P S X V H B A L S F H A
T O K O B U K U C S Q N I D E M
U N I V E R S I T A S N X R W R
X R K R W K X X U Z N F P Q W A
F E Z W F W D V F E T R A U T F
```

FARMASI	BANDARA
TOKO ROTI	PASAR
BANK	MUSEUM
PERPUSTAKAAN	RESTORAN
BIOSKOP	SEKOLAH
FLORIST	STADION
TOKO BUKU	SUPERMARKET
GALERI	TEATER
HOTEL	UNIVERSITAS
KLINIK	TOKO

64 - Creativiteit

```
N X B Q P M Z E K F Y X N Y G I
Z D I F E T Z W K E L O A D A N
Z D S S R I Y L L S A H S W M T
I Z O I A H X A L C P H A X B U
N D M T S R F I P S D R L F A I
T M E A A O I S I V A L E I R S
E U L M A R T P S S Y F J S A I
N Q T A N M N I S M A L E A I N
S L H R A S E C I N H U K N S A
I W C D T L V W W V I I I I A S
T X Z T N U N F C L D D T J S E
A U R K O U I A S J U I S A N K
S V S R P G Q F N Y P T I M E O
A U Z H S X G Q A G D A T I S R
H D N K E A S L I A N S R U R F
G L L S K H A F X L Z C A Q V Y
```

ARTISTIK
GAMBAR
DRAMATIS
KEASLIAN
EMOSI
SENSASI
PERASAAN
KEJELASAN
KESAN
INSPIRASI

INTENSITAS
INTUISI
INVENTIF
SPONTAN
EKSPRESI
KEAHLIAN
IMAJINASI
VISI
DAYA HIDUP
FLUIDITAS

65 - Natuur

```
G N I B E T L B S R T C F H K C
L A T I V K U Z U S F E U Z W M
E W M M X U A E N K O I N P Y Y
T A W D R Y E R G D H V U A K V
S I M A N I D O A Z N S R K N Y
E P T K Q E Y S I C K A U A C G
R E J E F O R I W L J F G U T G
Z N T C H C P T V N T Q O S D X
H A R A A U D U T A J Q O Z W I
P M O N B P T B I N A T A N G T
Z P P T E Z H A N U Z T X Q X L
P U I I L K G K N A R K T I K B
X N S K R W Y K D N K G G G S
Z G F A I O N N Z E M A R L Y P
Y A Z N L I A R W D X Q J K T G
Z N M A P Y C F F N C Q U P C Y
```

ARKTIK
LEBAH
HUTAN
BINATANG
DINAMIS
EROSI
DEDAUNAN
GLETSER
SUAKA
TEBING

KABUT
SUNGAI
KECANTIKAN
PENAMPUNGAN
TENANG
TROPIS
VITAL
LIAR
GURUN
AWAN

66 - Zoogdieren

```
K H J G U C G A K E L E D A I S
P E G E W P P T K J Q N N E Q E
M K L H R M O N Y E T W Q W K R
S T A I G A D U K M K X Q F A I
S H P P N L P B A N T E N G M G
Z P H D A C V A L I R O G W B A
Q Y E R R K I C H A B U R I I L
W P L A E P Y O T A L J N V N A
N A N W B A N Y K U C I N G G H
Y D U A G U L O H U H V R N A A
K Z U Q N S V T I L M L G I B M
H V E V A C D E Y S X B S J G U
U E T S R L K N H H I A L N A E
U B E Y E S C T Q G P N M A J G
J S E N B P H K E U R U G N A K
L U M B A L U M B A D V X A H R
```

MONYET
BERANG-BERANG
COYOTE
LUMBA-LUMBA
KELEDAI
KAMBING
JERAPAH
GORILA
ANJING
UNTA

KANGURU
KUCING
KELINCI
SINGA
GAJAH
KUDA
BANTENG
RUBAH
PAUS
SERIGALA

67 - Overheid

```
D E M O K R A S I H F U S P S N
K O N S T I T U S I A R I X U E
S I M B O L Y N D K H K P L R G
U R A M O H R H T A N F I E A A
I K S A W R N G Z W N Y L L I R
K E A D I L A N P O L I T I K A
F Z S P Q J L A I H U K U M P C
F D G E R F I A S P N V I T I J
T E N A N G D R U M M Y Z J D B
L P A H E A A A K F V I T Y A B
L E B T M J R T S Z Y O M K T Y
E O I F U U E E I J L O N E O M
M U B K N I P S D B A R L Q P Z
T U K W O Y C E D I S T R I K M
H P M O M C X K L I B E R T Y N
O N A S I O N A L G X F I N X Y
```

SIPIL
DEMOKRASI
DISKUSI
KESETARAAN
PERADILAN
KEADILAN
KONSTITUSI
PEMIMPIN
MONUMEN
BANGSA

NASIONAL
POLITIK
HAK
TENANG
NEGARA
SIMBOL
PIDATO
LIBERTY
HUKUM
DISTRIK

68 - Voertuigen

```
A C J Y K V A N H C F E D B D P
S M I Y M A D E P E S R P Z N C
K R B E W U F K Y F H B E Y O E
U X M U X M T I S K A T S H R A
T X O T L U H Y L T P Y A X L E
E N T I K A R G I A U P W L P B
R L O E A W N A B H H V A H I I
E W R P Y F F S I B A H T X Z N
T K E R E T A E V W R Y K R O X
P O Q T E P M L R P E Q J Q A A
O T E E X F X E R I P I Q Z N H
K K A P A L S E L A M O I Z J J
I V T R U K F A I T R A K T O R
L R O K E T V L B K V Z Y C A W
E S L X O M F R O Y N J P R U A
H P T F B J J G M A Z P X W O N
```

AMBULANS	KAPAL SELAM
MOBIL	ROKET
BAN	SKUTER
VAN	TAKSI
PERAHU	TRAKTOR
BIS	KERETA
KAFILAH	FERI
SEPEDA	PESAWAT
HELIKOPTER	RAKIT
MOTOR	TRUK

69 - Geografie

```
K A S N M R O H J T G N U N U G
E I E Y Z O O G I H A Y A L I W
T M L T R X G E Q V R L P V H D
I U A T L S N C N A I D I R E M
N B T R A F A U E R S N K P O X
G N A F A C T E K A B A I N U D
G A N E X N F Y T U A L B V Z
I H V T C F I V L U J H L T X M
A A Y N Z K L I Q O U K I A A C
N L R S I I S E D T R S D R A Q
B E N U A W I T S I L U T A H K
G B F A G R R M C B J S P B L D
L T M L N O A O G T M G E Y T X
Z G Q U U M G G Q X Z Y T K E Z
H A W P S I K B E R H O A K V R
I V R K O T A G A N Z Y Y A W X
```

ATLAS
GUNUNG
GARIS LINTANG
BENUA
PULAU
KHATULISTIWA
BELAHAN BUMI
KETINGGIAN
PETA
NEGARA

GARIS BUJUR
MERIDIAN
UTARA
WILAYAH
SUNGAI
KOTA
DUNIA
BARAT
LAUT
SELATAN

70 - Kunstbenodigdheden

```
F O J H B S I C W M Z B P L A I
P E N G H A P U S I G T I T E W
T X N V K T A C Z N V T S A W E
P X T I B I D N B Y Z J C N A H
T Y U V F V Y A T A G G N A R A
I I V V N I F P B K R U M H N P
S T N Y B T A K R I L I K L A T
R I A T A A K E R T A S F I J W
U X Y S A E O W I B O O N A E E
K C C A T R D B X I A Z M T M I
A U A G Y K X L G O S C E E G K
M F U T P A S T E L I S N E P E
E Z Y V A W L C K S K Y X U S A
R O O N Q I Y Z Z D A T L J V Y
A Z X L L I R P L H T E E D G O
I X I I A K Z G C Z G X M R K R
```

AKRILIK

CAT AIR

SIKAT

KAMERA

KREATIVITAS

EASEL

PENGHAPUS

ARANG

TINTA

TANAH LIAT

WARNA

LEM

MINYAK

KERTAS

PASTEL

PENSIL

KURSI

MEJA

CAT

AIR

71 - Barbecues

```
E A G M G F R K Z D N A U B Q W
B Z P J U R Y N E A Y A M M C N
V O B E L S E V L L I R G H S
O H Y D D M I V Q A U T O M A T
M H N M T X Y M R S H A O P U N
U N D A N G A N P H I P R S B H
P A C L I K I Q Y A Q P V G C O
R R G A R A M Q R C N P W N A K
A U H W T K O F Q K L A D A L D
G Y M A K A N M A L A M S W P B
S A U S K E L A P A R A N A H M
H S S U H A W V P U F B N B O Z
B O F M T A O K F A P B V W E T
K C Q H Z G N A I S N A K A M B
X I F D H M M U S I K A A D W P
O P X I S P N Z M P Y B S U P L
```

MAKAN MALAM	MUSIK
KELUARGA	LADA
BUAH	SALAD
GRILL	SAUS
SAYURAN	TOMAT
PANAS	BAWANG
KELAPARAN	UNDANGAN
AYAM	GARPU
MAKAN SIANG	MUSIM PANAS
PISAU	GARAM

72 - Schoonheid

```
S V Z K U L I T V E K H D H W F
U A Y V B V T H A L O A P M W O
V Q M R A H M A T E S L A K I T
E O H P W A N G I G M U G S X O
Y U L S O K N C I A E S C M B G
F D A N D A N O D N T U E A M E
H E M K Y N J R S A I W R S M N
D N A N U G G N A E K A M K P I
G I L W B V Y D J N P R I A R K
Q W Y I P Q U T P K B N N R O Q
J A S A P V F A M F H A G A D W
M W O X J S S T Y L I S T O U C
K V L Q F Y T G U N T I N G K P
C P O H X I C I C S E E P L F I
H D J E Q C R V K W M B L J Q H
T D T Y R F J K L C L A L P J V
```

PESONA	WARNA
KOSMETIK	IKAL
JASA	LIPSTIK
ELEGAN	MASKARA
KEANGGUNAN	PRODUK
FOTOGENIK	GUNTING
RAHMAT	SAMPO
WANGI	CERMIN
HALUS	STYLIST
KULIT	DANDAN

73 - Wetenschappelijke Discip

```
X G U W I S L O W G M M M T S W
Z K A R J X Z E I E E I E E O M
P S I K O L O G I O T N K R S N
V F M A I I V A Z L E E A M I E
S H I I N N L K I O O R N O O U
A X K S V A U I G G R A I D L R
P A O F I T T T W I O L K I O O
T I I A K O X O X T L O A N G L
G M B O E B L B M I O G S A I O
B I O L O G I O N I G I E M O G
E K O L O G I R G T I X U I L I
A S T R O N O M I I E F X K E Z
S Q Z E S I G O L O E K R A F U
I M U N O L O G I P B K I N J W
Z E K D G L A A M F W Q X U W W
A W L S D K S H S K D Y H M M N
```

ANATOMI
ARKEOLOGI
ASTRONOMI
BIOKIMIA
BIOLOGI
KIMIA
EKOLOGI
FISIOLOGI
GEOLOGI
IMUNOLOGI

MEKANIKA
METEOROLOGI
MINERALOGI
NEUROLOGI
BOTANI
PSIKOLOGI
ROBOTIKA
SOSIOLOGI
TERMODINAMIKA
GIZI

74 - Bijvoeglijke Naamwoorden

```
N F U I I L S A G G N A B V A Y
L P Z K N I E G S C B E M M K R
R X J O R H R L R A I L S Q R L
Q N Q Q U N I S A A A T Q U E T
A V P J M V T F P H S R E L A V
K W O V F E U R A B A S G C T K
U P D X I X N L L Q T V E F I Q
T Y T I T M C A L N C T V H F X
N Y G A P I K B R S O Z S S A B
A L A M I F X Z A I T H T P C T
G S N E R I W G G T K M G W C A
N G W P K K K J E A E X Y H G U
E P G J S O M N S M V J V A C K
M W D Q E B E R B A K A T U N M
I O O V D Y B Z P R S H W M L L
P R O D U K T I F D M F D D X Q
```

ASLI   BARU
BERBAKAT   BIASA
DESKRIPTIF   PRODUKTIF
KREATIF   MENGANTUK
DRAMATIS   KUAT
SEHAT   BANGGA
LAPAR   SEGAR
MENARIK   LIAR
LELAH   ASIN
ALAMI   MURNI

75 - Kleding

```
R L T C V N T K H S P I Y A M A
B O M E K B I V O A B L U S Z A
T M Y L E T N A M R S A N D A L
S W P A M C J L H U T A P E S V
W N F N E D O M J N V Q L N H X
E G N A L E G F T G A M N H T N
T K Y G E L I P O T E P K P J N
E M W W C Q X R A A X G G T N Y
R U S J G N A G G N I P T A K I
V T W B K A E C S G J A S W U R
Y S J W A G R Y G A P T F K S N
O I B M G J C A X N C C S I Y M
S V C J W A U F A R I C J K A A
H B G M T K A U S K A K I Y L T
N O J F K A S W C U A N H V M B
K A L U N G D E T X K C A P O P
```

GELANG
BLUS
CELANA
SARUNG TANGAN
TOPI
MANTEL
JAS
GAUN
KALUNG
MODE

PIYAMA
IKAT PINGGANG
ROK
SANDAL
SEPATU
CELEMEK
BAJU
SYAL
KAUS KAKI
SWETER

76 - Vliegtuigen

```
P T U R B U L E N S I U H S D O
B E N O Z C T Z P O N D A J L N
Q B N A N U R U T E K A E Y L F
P T W U H C U D T X V R H J A H
Y E Y O M J X I O T C A I J N Z
U K N Y N P K R L G F P D U G G
D H I D I S A G I V A N R O I Z
J O S D A Q W N P I I W O M T W
C L E W S R A B G C X F G C Y P
Q A M T E A A B A L O N E K I Y
D B N Z D L X T T A S Z N T S Q
T H R F Y R A K A B N A H A B V
U D E P W V A P Y N Z G F Z Z P
P E T U A L A N G A N C P Q T B
S E J A R A H A R A N A S A U S
K O N S T R U K S I G G N I T L
```

KETURUNAN
SUASANA
PETUALANGAN
BALON
AWAK
KONSTRUKSI
BAHAN BAKAR
SEJARAH
LANGIT
TINGGI

PENDARATAN
UDARA
MESIN
NAVIGASI
DESAIN
PENUMPANG
PILOT
ARAH
TURBULENSI
HIDROGEN

77 - Herbalisme

```
K H Z H Y I S U M B U N G A S A
L U V K A L B T A I T J C E Z D
L P A O Z A L Y R N K M P N U A
W S R L A J F R J Z W U W K A S
Y P A I I J A A O Y O A N L Z W
T C S D O T J M R M Q J E Y D H
L A A A T B A E A C W I N Z I I
A R R T E J U S M B A H A N G T
V G P R H P G O O Y A C Z S N U
E W L J A G A R O M A T I K A P
N U B E K G T Y G Q T T D O M G
D Z P Z I R O J A T I M I W E N
E N S K N U H N E T J T G U K A
R C D O R E G A N O L B G Q L W
P E T E R S E L I L F J E J B A
K U L I N E R B Y X H H N J C B
```

AROMATIK	LAVENDER
KEMANGI	MARJORAM
BUNGA	OREGANO
KULINER	PETERSELI
DIL	ROSEMARY
TARRAGON	KUNYIT
HIJAU	RASA
BAHAN	TIMI
BAWANG PUTIH	KEBUN
KUALITAS	ADAS

78 - Kracht en Zwaartekracht

```
D  K  U  V  T  I  S  N  A  P  S  K  E  S  J  U
I  E  N  H  W  M  A  X  Q  R  W  P  K  C  D  N
N  C  I  T  G  G  I  P  P  O  B  A  Z  Y  O  S
A  E  V  Z  M  M  X  E  J  P  O  Q  T  I  D  J
M  P  E  T  U  U  X  N  G  E  X  M  B  Q  U  V
I  A  R  W  R  R  G  E  X  R  D  B  V  F  Z  E
S  T  S  W  L  R  O  M  F  T  M  Q  G  B  I  M
I  A  A  O  R  B  M  U  Y  I  E  J  P  V  K  S
P  N  L  J  C  Z  H  A  H  N  K  A  R  A  J  I
B  U  G  E  R  A  K  N  Y  N  A  N  A  K  E  T
E  B  S  P  J  T  O  A  U  T  N  J  Q  V  F  E
R  M  S  A  L  Q  T  K  C  T  I  B  R  O  L  N
A  U  A  D  T  A  A  E  Y  A  K  I  S  I  F  G
T  S  E  G  E  W  N  S  V  U  A  A  E  J  G  A
D  A  M  P  A  K  I  E  V  B  T  A  W  D  N  M
W  E  M  Y  K  U  Z  G  T  P  D  T  D  E  T  R
```

JARAK	MAGNETISME
SUMBU	MEKANIKA
ORBIT	FISIKA
GERAK	PENEMUAN
PUSAT	PLANET
TEKANAN	KECEPATAN
DINAMIS	WAKTU
PROPERTI	EKSPANSI
BERAT	UNIVERSAL
DAMPAK	GESEKAN

79 - Het Bedrijf

```
Q  G  B  J  Q  C  P  K  K  R  E  A  T  I  F  A
E  N  O  B  U  E  A  R  E  L  S  X  P  U  L  H
I  N  D  U  S  T  R  I  E  M  R  R  N  Y  I  D
L  A  B  O  L  G  H  O  Y  S  A  H  A  P  U  Q
I  N  Y  P  Q  A  H  L  N  L  E  J  S  E  A  U
N  I  P  D  V  P  W  D  G  J  K  N  U  A  S  N
V  K  U  E  T  R  E  N  F  Y  U  K  T  A  I  I
E  G  I  P  N  Y  E  R  Q  O  A  G  U  A  N  T
S  N  T  R  U  D  C  H  E  Q  L  S  P  H  S  F
T  U  G  O  G  X  A  D  M  D  I  B  E  Z  I  I
A  M  R  D  I  U  Q  P  O  P  T  H  K  V  B  T
S  E  T  U  T  O  V  I  A  B  A  V  O  H  C  A
I  K  O  K  I  S  I  R  N  T  S  G  H  B  W  V
P  E  K  E  R  J  A  A  N  X  A  H  O  I  U  O
U  D  R  E  P  U  T  A  S  I  J  N  V  U  A  N
X  P  P  P  R  O  F  E  S  I  O  N  A  L  Z  I
```

KEPUTUSAN	KEMUNGKINAN
KREATIF	PRESENTASI
UNIT	PRODUK
GLOBAL	PROFESIONAL
INDUSTRI	REPUTASI
PENDAPATAN	RISIKO
INOVATIF	TREN
INVESTASI	KEMAJUAN
KUALITAS	PEKERJAAN
UPAH	BISNIS

80 - Rijden

```
K Q Y D A E B A H A Y A H B P L
E U K K P N A G N O W O R E T I
A Z Y H O I N A A K A L E C E K
M G A S L K I C P E T A M I I A
A M R I I V L C I Z W N J A U K
N B O V S A Z A S P T G R P F N
A I T B I Y I B A D T Y A Y V A
N E O T I V S A T N I L U L A L
B Y M L V L O H R A S S L O V A
Y L A X R D Z A O T N A A H Y J
X F D Z Z G X N P A E N B R N E
L K E N F D V B S P S E A O A P
E Q P N I P O A N E I F V T W G
R Y E H A M Z K A C L G X O V F
P G S I Y P H A R E G X F M Y T
J A L A N K U R T K Y Z A D P K
```

MOBIL
BAHAN BAKAR
GARASI
GAS
BAHAYA
PETA
LISENSI
MOTOR
SEPEDA MOTOR
KECELAKAAN

POLISI
REM
KECEPATAN
JALAN
TEROWONGAN
KEAMANAN
LALU LINTAS
TRANSPORTASI
PEJALAN KAKI
TRUK

81 - Wetenschap

```
N X D L R R U Q D W L S N O X P
Q V D A L Z U F C T J T I Q B E
O I N T S K O B S E R V A S I R
O M B B A H A N K I M I A C D C
G R A V I T A S I E V P I R Y O
C O E N I V H R K O C H S U X B
M G E L A B O R A T O R I U M A
F E A M T W I B D C B W S S A A
A M T D A M U Z Y N G N E T L N
K O I O D U L M L E K I T R A P
T T Y N D G R I L G B S O J K W
A A A E E E Y L I I L U P U I D
F O S I L R G K E W S L I U S H
U F Y C C W A I D H F O H N I D
M O L E K U L L B A M V U A F J
O R G A N I S M E D B E A X C I
```

ATOM
BAHAN KIMIA
PARTIKEL
EVOLUSI
PERCOBAAN
FAKTA
FOSIL
DATA
HIPOTESIS
IKLIM

LABORATORIUM
METODE
MINERAL
MOLEKUL
ALAM
FISIKA
OBSERVASI
ORGANISME
ILMUWAN
GRAVITASI

82 - Natuurkunde

```
U  M  T  O  N  S  F  R  E  K  U  E  N  S  I  G
W  N  V  N  X  N  O  N  M  O  T  A  O  U  A  L
T  L  I  Y  V  E  Z  C  A  V  K  M  R  M  K  G
P  W  P  V  L  F  W  E  S  B  I  G  T  U  I  K
Z  T  X  U  E  Z  Z  S  S  H  O  T  K  R  N  E
U  Q  U  N  I  R  G  Z  A  W  H  J  E  N  A  C
T  K  E  A  P  N  S  T  C  E  R  J  L  Z  K  E
K  L  U  Q  W  I  A  A  L  S  N  H  E  B  E  P
U  E  E  Q  F  S  N  M  L  U  K  E  L  O  M  A
Q  K  K  B  R  E  L  A  T  I  V  I  T  A  S  T
P  I  I  A  I  M  I  K  N  A  H  A  B  J  W  A
H  T  K  L  C  P  E  R  C  O  B  A  A  N  A  N
B  R  B  R  N  A  T  A  D  A  P  E  K  F  X  S
M  A  U  Z  N  H  U  G  R  A  V  I  T  A  S  I
R  P  T  F  U  I  S  A  R  E  L  E  S  K  A  B
X  Q  E  M  S  I  T  E  N  G  A  M  O  L  I  O
```

ATOM	MAGNETISME
KEKACAUAN	MASSA
BAHAN KIMIA	MEKANIKA
PARTIKEL	MOLEKUL
KEPADATAN	MESIN
ELEKTRON	RELATIVITAS
PERCOBAAN	KECEPATAN
RUMUS	UNIVERSAL
FREKUENSI	AKSELERASI
GAS	GRAVITASI

83 - Muziekinstrumenten

```
T  H  E  K  R  B  Z  S  W  J  M  S  U  S  Y  Y
T  R  A  F  L  L  L  C  P  J  A  Q  X  Q  U  X
E  A  O  R  P  A  P  R  A  H  B  M  I  A  D  U
R  X  N  M  M  L  R  M  A  N  D  O  L  I  N  B
O  J  A  O  B  O  O  I  S  U  K  R  E  P  X  T
M  U  I  J  K  O  N  F  N  O  F  O  S  K  A  S
P  F  P  B  D  L  N  I  K  E  O  B  H  S  W  R
E  L  N  I  V  E  O  E  K  R  T  J  X  Z  V  E
T  B  X  O  A  S  O  J  N  A  B  K  M  U  N  B
C  Y  K  L  I  V  S  J  P  T  E  E  A  G  Q  A
S  D  I  A  Q  B  S  G  N  I  L  U  R  E  S  N
D  R  U  M  X  H  A  N  W  G  T  S  I  S  Z  A
S  K  B  Q  Y  J  B  O  H  J  X  I  M  N  U  S
F  E  R  F  B  S  Q  G  Z  J  M  T  B  L  S  A
X  N  I  R  V  A  K  Y  T  U  B  J  A  Q  Y  D
X  T  J  J  O  D  B  I  S  B  X  M  A  F  O  R
```

BANJO	MARIMBA
SELO	HARMONIKA
BASSOON	PERKUSI
SERULING	PIANO
GITAR	SAKSOFON
GONG	REBANA
HARPA	TROMBON
OBO	DRUM
KLARINET	TEROMPET
MANDOLIN	BIOLA

84 - Ethiek

```
K E S A B A R A N K M W D R K D
K E R J A S A M A N T C I E A F
M T H B C W D G R J A L P A S X
Q H E W E X T G H H B U L L I V
R A S I O N A L I T A S O I H I
O N I L A I F H N W T L M S S I
O P Y F D F A G O J R U A M A N
K B T Q W G S D H R A S T E Y T
E A M I F E L W W H M R I N A E
B E D E M S I U R T L A K X N G
A U T F W I F R V P S J T T G R
I U Z H X B S E A W X A B U J I
K A G U W G W M A O I W E C A T
A F Y I S N A R E L O T E W L A
N A R U J U J E K E F K H J H S
S H O K E M A N U S I A A N D R
```

ALTRUISME

DIPLOMATIK

HORMAT

KEJUJURAN

FILSAFAT

KESABARAN

INTEGRITAS

KASIH SAYANG

KEMANUSIAAN

OPTIMISME

RASIONALITAS

REALISME

WAJAR

KERJA SAMA

TOLERANSI

KEBAIKAN

NILAI

MARTABAT

85 - Antiek

```
H  L  E  B  E  M  X  V  Q  R  U  T  G  V  C  F
O  E  D  Z  S  V  W  N  W  C  H  U  A  T  N  H
L  L  U  P  V  Y  W  P  F  U  I  A  L  I  N  A
G  A  I  T  J  J  D  A  B  A  A  Y  E  H  Y  R
K  N  J  N  L  T  Y  T  D  D  S  A  R  L  D  G
O  G  R  D  V  Z  G  U  P  Y  A  G  I  R  E  A
L  Y  W  T  D  E  C  N  A  S  I  K  U  L  K  A
E  Q  R  N  D  K  S  G  O  H  B  F  E  L  O  P
K  L  E  N  M  U  U  T  P  N  K  F  Z  G  R  Z
T  S  S  F  S  A  F  J  A  Z  A  J  K  S  A  O
O  J  T  A  L  L  M  H  W  S  D  V  Y  P  T  S
R  I  O  G  A  I  K  O  I  N  I  V  S  E  I  I
O  J  R  I  T  T  N  A  T  L  T  K  A  P  F  O
H  N  A  X  I  A  H  E  S  C  W  Y  H  L  X  Q
G  V  S  W  R  S  S  L  S  L  Y  L  K  J  K  H
Z  B  I  E  L  E  G  A  N  T  I  H  G  N  U  M
```

ASLI	KOIN
PATUNG	TIDAK BIASA
DEKORATIF	TUA
ABAD	HARGA
ELEGAN	RESTORASI
GALERI	LUKISAN
INVESTASI	GAYA
SENI	LELANG
KUALITAS	KOLEKTOR
MEBEL	NILAI

86 - Activiteiten en Vrije Ti

```
Q  S  N  L  X  H  H  R  W  X  E  I  G  U  H  R
M  E  N  Y  E  L  A  M  C  X  L  L  H  T  I  E
G  O  L  F  Q  D  F  N  K  P  B  G  C  O  K  N
S  E  P  A  K  B  O  L  A  K  Q  A  K  J  I  A
B  O  L  A  V  O  L  I  Y  S  T  T  S  T  N  N
T  R  J  J  C  N  X  J  I  I  B  P  B  K  G  G
S  A  N  T  A  I  B  I  S  B  O  L  X  P  E  M
T  I  N  J  U  B  B  A  L  A  P  I  T  J  X  T
H  L  S  G  F  O  M  E  M  A  N  C  I  N  G  D
A  G  U  B  G  H  S  G  I  D  U  B  I  B  E  U
B  E  P  E  R  G  I  A  N  U  B  E  K  R  E  B
N  N  B  S  M  L  N  A  S  I  K  U  L  E  R  X
S  E  N  I  F  C  E  L  T  B  P  T  R  E  M  T
Y  G  P  U  W  B  T  O  G  E  X  M  G  S  F  F
B  E  R  S  E  L  A  N  C  A  R  J  A  I  H  K
R  W  O  C  N  A  F  N  W  M  B  Z  I  C  T  Y
```

BASKET	BALAP
TINJU	BEPERGIAN
MENYELAM	LUKISAN
GOLF	BERSELANCAR
MEMANCING	TENIS
HOBI	BERKEBUN
BISBOL	SEPAK BOLA
CAMPING	BOLA VOLI
SENI	HIKING
SANTAI	RENANG

87 - Koffie

```
P A H I T P V E M A T I H J O U
M L N A P A S A R I S A I R A V
J U E V A N M H I X N M V I Z H
K G J A G G V E A W L U M A S A
A S A L I G U Q N P O S M C A R
K L N B A A O M E G Z U B A M G
L A I D X N U X O X G S Y G N A
U F F R N G A H K E R I D B E Y
C F H E A R O M A X G G L P J J
U J N G I G V V P F D X R I N G
X W V X I N S X P F F C M U N M
C A N G K I R Q A P B R D T I G
Q A H R W R I Z A B Q R D F F Z
G M I J S A D Y T I B W N L J E
X R P D Q S V N K R I M L P D B
F I M Z O B C C W C N P D C I W
```

AROMA	ASAL
CANGKIR	HARGA
PAHIT	KRIM
KAFEIN	RASA
MINUMAN	GULA
SARING	VARIASI
PANGGANG	CAIR
MENGGILING	AIR
SUSU	ASAM
PAGI	HITAM

88 - Schaken

```
P  I  B  Y  E  C  R  T  A  N  T  A  N  G  A  N
E  F  F  O  T  Q  N  A  W  A  L  C  Z  U  L  D
N  S  P  R  Z  P  V  J  T  R  W  B  A  R  J  J
G  W  A  U  K  O  N  A  R  U  T  A  K  I  R  U
O  R  T  J  T  E  L  R  Q  T  Q  S  G  S  J  A
R  Y  U  D  F  I  I  M  X  K  I  D  R  E  C  R
B  D  F  I  W  X  H  V  F  A  C  A  Z  T  Q  A
A  F  Z  A  F  L  N  D  I  W  P  N  T  N  B  N
N  Z  Z  G  D  N  X  K  N  O  G  A  Z  O  G  H
A  K  S  O  K  V  I  M  O  D  J  N  H  K  F  S
N  V  R  N  E  M  A  N  R  U  T  I  O  V  X  R
N  A  F  A  I  H  T  I  G  E  T  A  R  T  S  W
A  H  S  L  L  A  D  O  M  N  V  M  A  T  I  H
P  A  S  I  F  M  M  P  V  L  R  R  P  L  A  K
N  F  Y  I  K  H  V  E  R  P  S  E  Z  Q  G  G
W  E  T  I  V  R  T  T  P  A  C  P  C  B  W  X
```

DIAGONAL

JUARA

RAJA

RATU

PENGORBANAN

PASIF

POIN

ATURAN

CERDIK

PERMAINAN

PEMAIN

STRATEGI

LAWAN

WAKTU

TURNAMEN

TANTANGAN

KONTES

PUTIH

HITAM

89 - Boerderij #1

```
H J K P M Y F J A W U S E U S F
T Y E E Y T F W Z P W H H Q K U
S X L R J E I M V U F Y N Q J X
A M E T I J Z R A P E G U M C P
G C D A D U K L O U W L W L W Z
B Q A N T M Z A E K P P A X C R
E W I I P A S I B B O W J Z I Y
N E S A K Y K R I G A Y N S V J
I Y A N D A A Q X N Q H F K D E
H K N S N A W F R I V X E I I R
G L G G B J A O X J Z Y E U O A
X B N N D H N J G N I B M A K M
R T A I A A A P O A Y F L L V I
O G D C N Y N C K F G L C Z R C
P S I U X P A G A R I A W U C P
C Z B K V K Q S I T E B K F W E
```

LEBAH
KELEDAI
KAMBING
PAGAR
ANJING
SAYANG
JERAMI
BETIS
KUCING
AYAM

SAPI
GAGAK
KAWANAN
PERTANIAN
PUPUK
KUDA
NASI
BIDANG
AIR
BENIH

90 - Huis

```
R S A P U H P E F Z F L T X T Z
U H S Y T N E M E S A B D B G E
A Y P G E Y R G D K Z U D Z W G
N Q B K P U P N A P I N T U L B
G Q V R R E U I H R F C N A L W
A E A U A D S D O I A U C T J U
N K N D K O T N G W S S Y A K W
V B I I C U A I D N A M I P E U
I P H T C A K D P L P V U V B R
V I N R U X A C K E O A Y L U A
E B P A Z B A E C B R C G Y N Y
K Z J M L D N R E E O A E A J P
C P D A P U R M A M W W P U R C
B U D K Y G O I L A M P U I R S
I K Y B T I G N A L T I G N A L
C E R O B O N G A S A P K X O N
```

SAPU	DAPUR
PERPUSTAKAAN	LAMPU
ATAP	MEBEL
PINTU	DINDING
MANDI	LANGIT-LANGIT
GARASI	CEROBONG ASAP
PERAPIAN	KAMAR TIDUR
PAGAR	CERMIN
RUANGAN	KARPET
BASEMENT	KEBUN

91 - Geometrie

```
L A T N O S I R O H N Q G L T H
A I S A L U K L A K Z A Y O E B
K E N A A K U M R E P O B G G S
I T E G P E R S A M A A N I A Q
T G M I K T I N G G I X I K K W
R R G Z I A G I T I G E S A L P
E Y E L F S R G D S L L U D U F
V S S H R S P A K N I E F T R J
V A C C K A A N N E S M B S U Q
S U D U T M R J A M D G E K S S
U U Q K H X A W I I Z I L T R W
M W T B G Z L X D D U T T U R H
N V P E F T E A E M V G W R J I
L E B M S T L B M B R W H I G T
K E D I A M E T E R T E O R I E
T J A M F E K U R V A H E T K L
```

KALKULASI
LINGKARAN
KURVA
DIAMETER
DIMENSI
SEGITIGA
SUDUT
TINGGI
HORISONTAL
LOGIKA

TEGAK LURUS
MASSA
MEDIAN
PERMUKAAN
PARALEL
SEGMEN
SIMETRI
TEORI
PERSAMAAN
VERTIKAL

92 - Jazz

```
K L N H T L Q H A E N C I D R T
O A Y A G X K P T K I N K E T E
M G Z K I S A S I V O R P M I R
P U R S D W M R H T Z N A M W K
O O R Y H F A L R W S A S M Q E
S M V A H L R Q N Y Y G I E P N
I P T B B E I P P J O N T R R A
S U N A Y D M U S I K A R N E L
I F A V O R I T A V R T A E S R
P S N M U B L A O P U K E G O D
J I A S K C A S B C C U X F P Q
Y S K G T U A K M G I P F M M V
E K E C A I V U A I T E J F O W
S K T M I C M J A T Z T U D K P
C L M Q Q P V D O R K E S T R A
I L T K Q K T K X I I E X K U V
```

ALBUM
TEPUK TANGAN
ARTIS
TERKENAL
KOMPOSER
KONSER
FAVORIT
GENRE
IMPROVISASI
LAGU

MUSIK
TEKANAN
BARU
ORKESTRA
TUA
IRAMA
KOMPOSISI
GAYA
BAKAT
TEKNIK

93 - Getallen

```
O E T M A T E M A T I K A C B Z
T N A I K X S E M B I L A N Q E
B A P P G S S E P U L U H Q I R
R M M A P A R T B T W V U O U D
M B E L B L M M I A D P J V P U
V E V W B E L I B S S X U H D A
F L L Z N B O Q L H A B T S F B
N A Y L X A L B D E L A P A N E
O S J X J M G R F Z E B S L V L
L U Q M U I R L Q I B W K E E A
T Z W Q H L H U V R T R N B R S
D E L A P A N B E L A S H H G B
I I D U A P U L U H P R Q U K I
E N A M E H O D Z H M K T J A D
B K H T G S H E U Y E K S U G O
T I G A B E L A S A L C R T L S
```

DELAPAN	DUA PULUH
DELAPAN BELAS	EMPAT BELAS
TIGA BELAS	EMPAT
TIGA	LIMA
SATU	LIMA BELAS
SEMBILAN	MATEMATIKA
NOL	ENAM
SEPULUH	ENAM BELAS
DUA BELAS	TUJUH
DUA	TUJUH BELAS

94 - Boksen

```
P K M C F B T N U T S U K O F S
E I E M Q Q U V H U I J V L P A
M D N E D W B S G D K S H Z Z R
U D E I E R U O J U U G A D A U
L A N E P D H S W S S N L W T N
I T D T I N J U J T N E E K S G
H U A Y R M J U J L A C L N H T
A R N A T A U K E K Q N L S V A
N H G J E Q V S V P R O E H P N
P Z G I A F U M M Q S L C Q R G
P E E X S F Q B D W D U Q T A A
L G J L I Y K Q S W H C H O P N
N A Q U S G M J R Y Z S I O R T
E D W J A J T A L I C E P A T T
H B W A H N A I L H A E K Y G V
X M E Z N O G U X H P O I N V Q
```

SIKU
FOKUS
SARUNG TANGAN
PEMULIHAN
SUDUT
DAGU
LONCENG
KEKUATAN
TUBUH
POIN

WASIT
MENENDANG
CEPAT
LAWAN
TALI
LELAH
KEAHLIAN
PEJUANG
TINJU

95 - Boerderij #2

```
B T R A K T O R O G U D A N G G
L P H S I B B Y W R C X F I B E
S E O A S E P Q K V C Y G G A M
I T M Y N E N Y I D R H N N L B
R A F U N H U P I O F A A A N A
I N X R N I E E H Q R U T R V L
G I J M R V F P J V K B A I D A
A L Y A J E L S U S U Q N C D V
S P Y Y E X L B E B E K I N F N
I G C U L B A U I C T A B I J Q
D Q A R A L M F G G P D S K M L
I O V N I I A J P Q J V D J A V
G O M T D N G W K M A K A N A N
C N L B T U P M U R G N A D A P
Z B C N A Q M E B B P I J M U V
T A C V O J A G U N G W V A Q O
```

BEEHIVE
PETANI
ORCHARD
BINATANG
BEBEK
BUAH
JELAI
SAYUR-MAYUR
GEMBALA
IRIGASI

LLAMA
JAGUNG
SUSU
DOMBA
GUDANG
GANDUM
TRAKTOR
MAKANAN
PADANG RUMPUT
KINCIR ANGIN

96 - Psychologie

```
P U H K U P P I K I R A N V J N
L M I E N E E S P E N G A R U H
D Q V N K N A I D A B I R P E K
X P U A R I O N H Z O P L M E K
E F Z N R L T G Q V Z M T P C I
M N U G E A H O G E X I L K H I
O V R A A I D K E C P M Z N B X
S F Y N L A N A M A L A G N E P
I D Q W I N K P S S E N S A S I
Q J A E T C T D Y H A L A S A M
Z Y Q X A Y O X O I A J T X H E
E P U I S P E S R E P W H Z G J
K L I N I S G S R J P A A V A S
J A N J I P A R E T W K U B U E
R Y N F S F K O G Z T F R K F Y
K O N F L I K U P E R I L A K U
```

JANJI
PENILAIAN
BAWAH SADAR
KOGNISI
KONFLIK
MIMPI
EGO
EMOSI
PENGALAMAN
PIKIRAN

PERILAKU
SENSASI
KENANGAN
PENGARUH
KLINIS
PERSEPSI
KEPRIBADIAN
MASALAH
REALITAS
TERAPI

97 - Zakelijk

```
P  D  D  X  L  W  Q  C  E  N  W  W  F  A  P  K
M  A  R  Z  A  E  K  K  R  U  P  W  R  X  E  E
A  A  J  L  B  M  C  A  X  U  W  M  B  G  R  U
T  G  Y  A  A  A  J  T  R  O  T  N  A  K  U  A
A  S  V  C  K  J  K  O  Q  Y  E  F  T  M  S  N
U  U  N  N  T  I  O  K  P  K  A  A  N  U  A  G
A  A  I  K  B  K  S  O  D  D  P  W  N  H  H  A
N  N  Q  L  N  A  R  A  G  G  N  A  A  J  A  N
G  G  K  P  J  N  M  S  T  Q  U  M  L  N  A  Y
D  I  S  K  O  N  G  L  D  S  S  G  A  F  N  H
M  I  S  C  Y  M  S  R  Z  C  E  Z  U  A  Q  P
P  Q  G  X  Z  V  A  E  X  D  T  V  J  Y  W  Z
O  E  K  O  N  O  M  I  S  K  A  S  N  A  R  T
Z  V  Q  Q  C  Y  V  R  V  C  A  R  E  I  O  E
F  Z  N  A  T  A  P  A  D  N  E  P  P  B  T  F
P  A  B  R  I  K  A  K  E  A  C  Q  W  X  F  T
```

PERUSAHAAN	KANTOR
ANGGARAN	DISKON
PAJAK	BIAYA
KARIER	TRANSAKSI
EKONOMI	MATA UANG
PABRIK	PENJUALAN
KEUANGAN	MAJIKAN
UANG	KARYAWAN
PENDAPATAN	TOKO
INVESTASI	LABA

98 - Voeding

```
K A R B O H I D R A T O P C G X
S E N V K E S E H A T A N A I W
F P A N I M I J O R Q M U I Z P
U Z K T M T C I D S K N C R I T
O Q A L F G A L X M U O A A X G
F P M P N C W M D H A D R N W C
G P I K A R Q Y I Q L J V I X T
Z X D G A F U O D N I R O L A K
I S A T N E M R E F T O N V S M
W A S A R B D E O K A D I E T P
M U I S E E P E D N S U E H I C
E S B D C R S E H A T K T Z H B
D E H G N A B M I E S J O N A Y
S M W A E T I K V K I U R J P K
D V W W P L H Q U Z T N P P A F
N H N A F S U M A K A N E R C W
```

PAHIT
KALORI
DIET
BISA DIMAKAN
NAFSU MAKAN
PROTEIN
SEIMBANG
FERMENTASI
BERAT
SEHAT

KESEHATAN
KARBOHIDRAT
KUALITAS
SAUS
RASA
PENCERNAAN
RACUN
VITAMIN
CAIRAN
GIZI

99 - Chemie

```
A Q X M P G N P I A R S K K K O
I L U K E L O M I Z N E L T A K
O E K H W X L A Y T D I O I T S
N E I A V K K S B S N X R V A I
E R V G L O A A V Q G P I O L G
P M S W P I Y R Z P G T N U I E
K A V D T S N N B Y C A I R S N
Y Y N S S K P E O O Q R S U H U
L E M A R A G G R A N E H U C S
I L Y F S E E O O T Y B Q B Y N
M E C Z A R O R L O G A M Q A U
G K N B G Q X D O K B Z U F D L
S T O R G A N I K J T M Z P F T
X R X W M N Y H A R V Q J A A S
W O L S Y X N V M C S L I I O V
R N X H P R G N L H U W K K H L
```

ALKALINE
KLORIN
ELEKTRON
ENZIM
GAS
BERAT
ION
KATALIS
KARBON
LOGAM

MOLEKUL
ORGANIK
REAKSI
SUHU
CAIR
PANAS
HIDROGEN
GARAM
ASAM
OKSIGEN

1 - Metingen

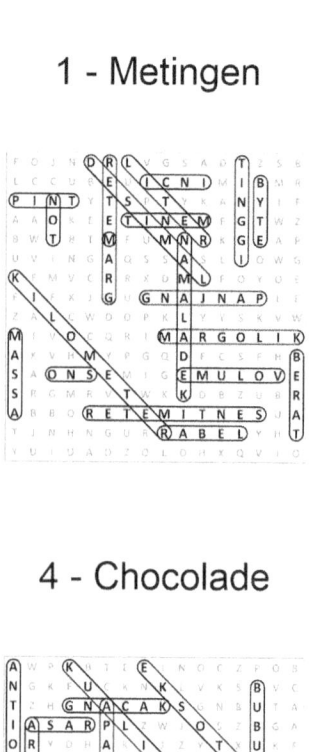

2 - Opwarming van de Aarde

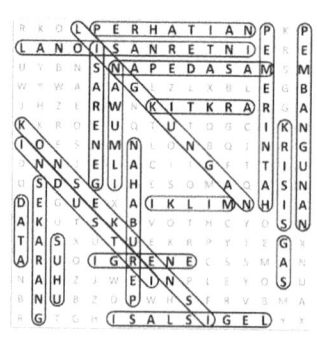

3 - Boten

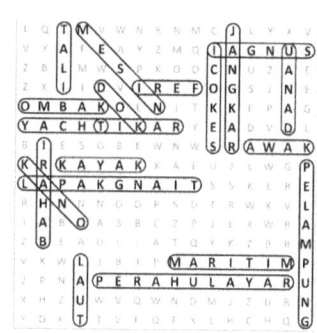

4 - Chocolade

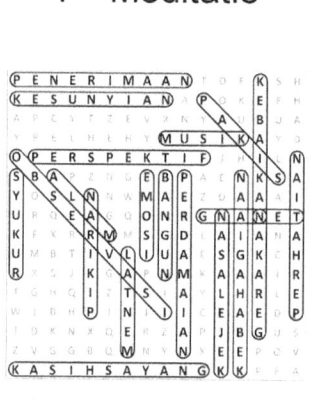

5 - Gezondheid en Welzijn #2

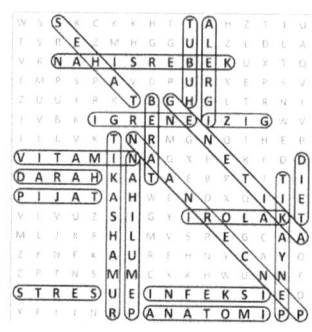

6 - Tijd

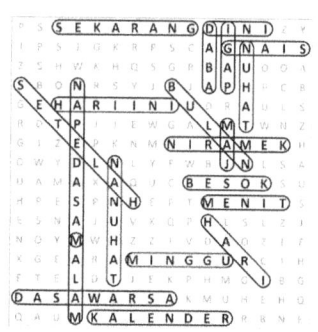

7 - Meditatie

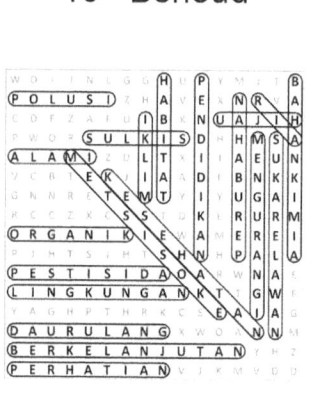

8 - Muziek

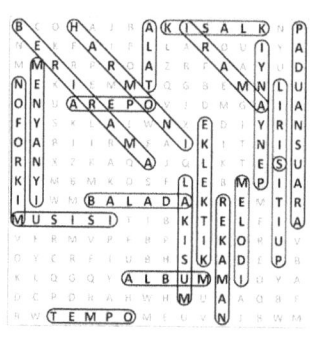

9 - Vogels

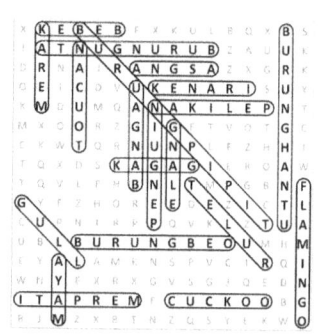

10 - Behoud

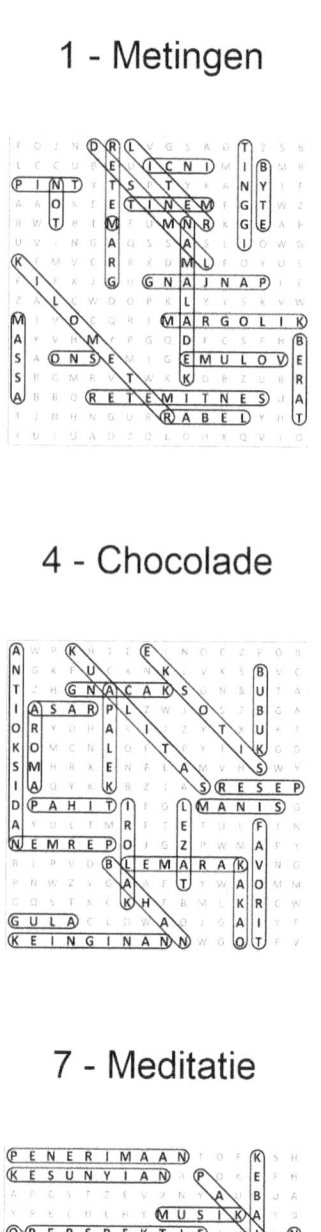

11 - Universum

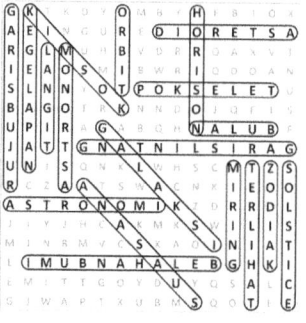

12 - Wiskunde

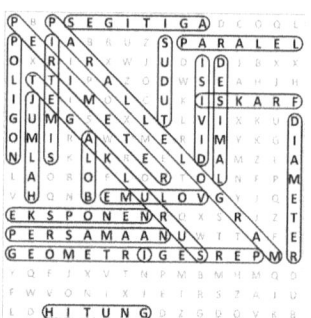

13 - Gezondheid en Welzijn #1

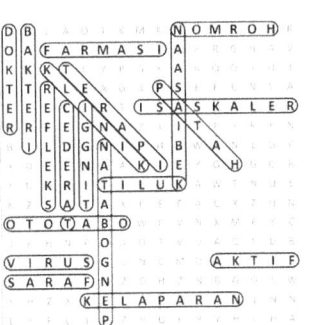

14 - Camping

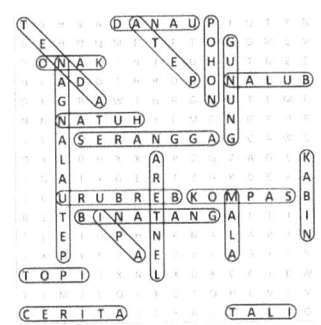

15 - Algebra

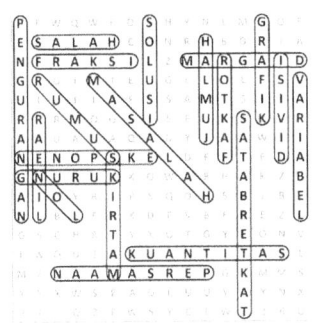

16 - Activiteiten

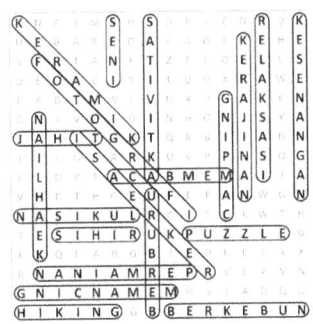

17 - Diplomatie

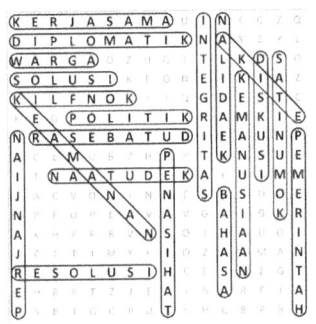

18 - Astronomie

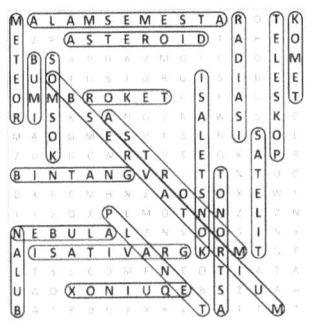

19 - Emoties

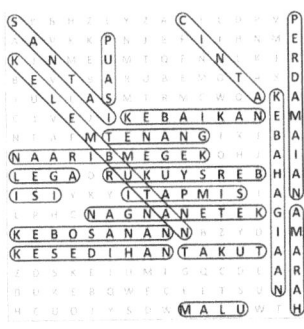

20 - Vakantie #2

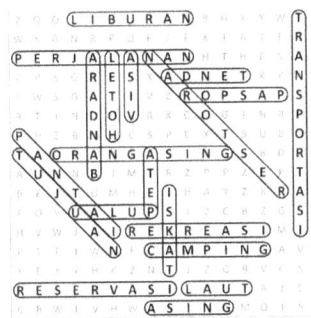

21 - Weersomstandigh

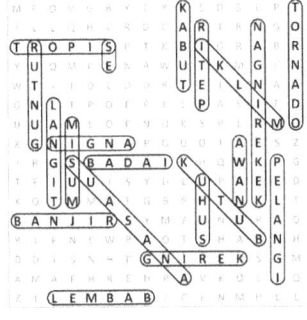

22 - Eten #2

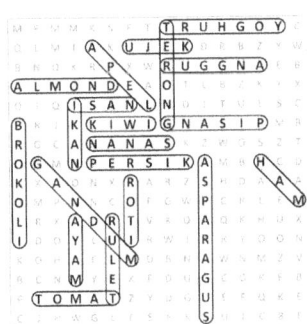

23 - Klimmen

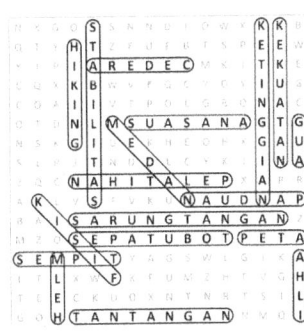

24 - Geologie

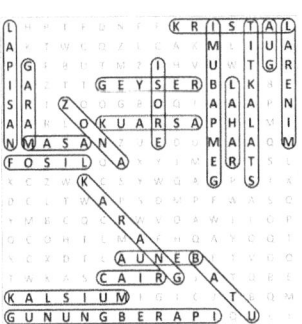

25 - Specerijen

26 - Groenten

27 - Archeologie

28 - Dans

29 - Ziekte

30 - Mythologie

31 - Eten #1

32 - Avontuur

33 - Restaurant #2

34 - De Media

35 - Bijen

36 - Wandelen

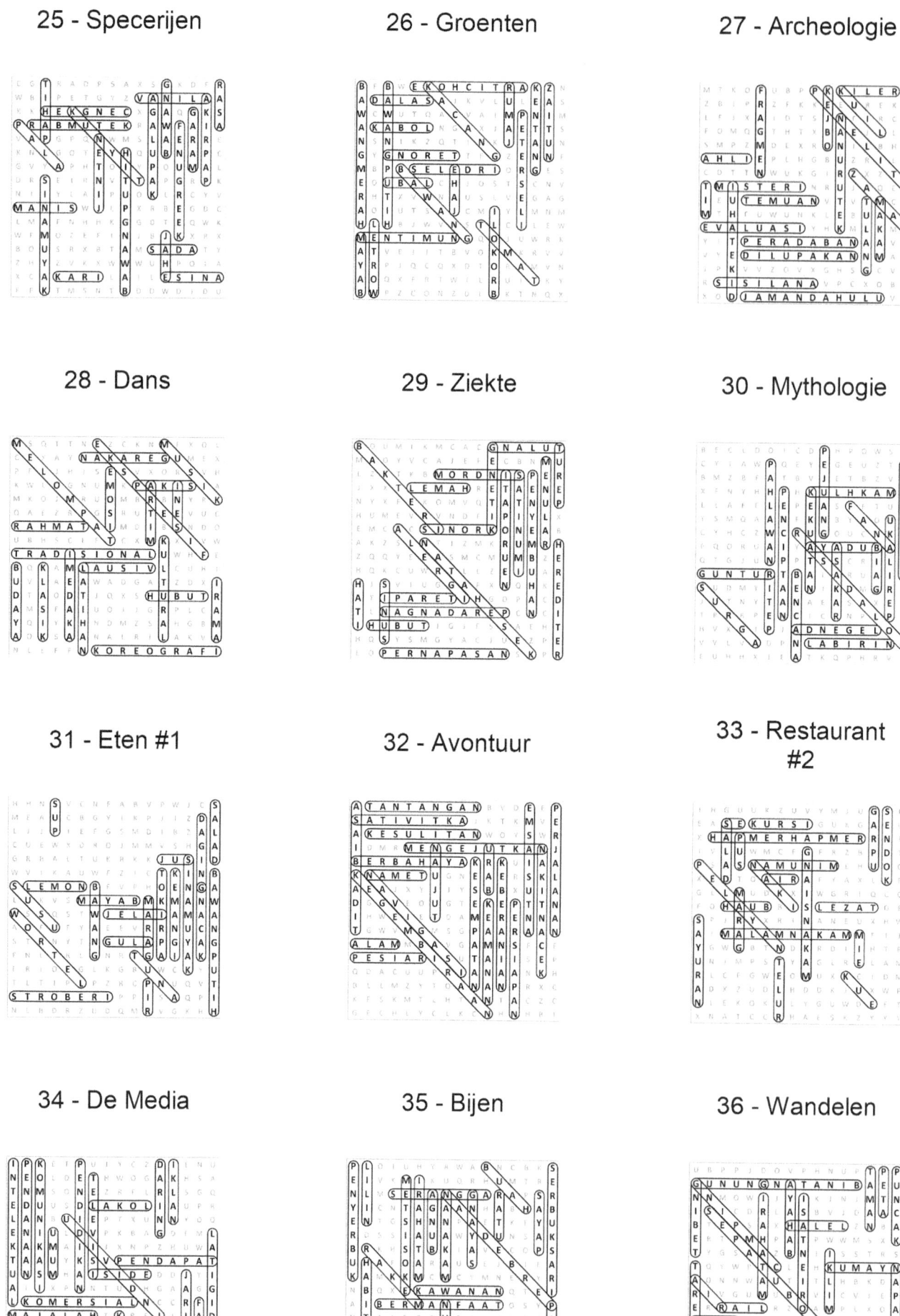

37 - Ecologie

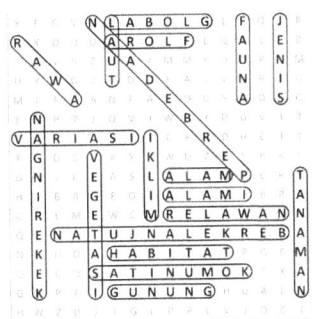

38 - Biologie

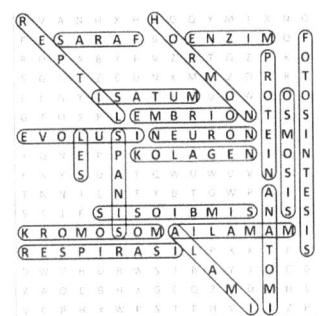

39 - Landen #1

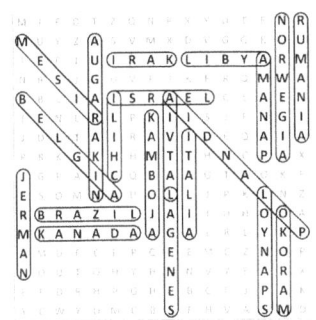

40 - Installaties

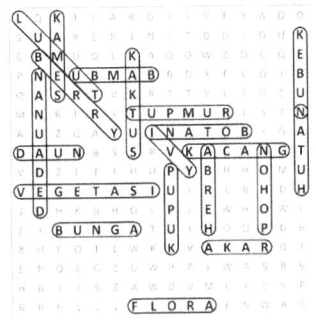

41 - Agronomie

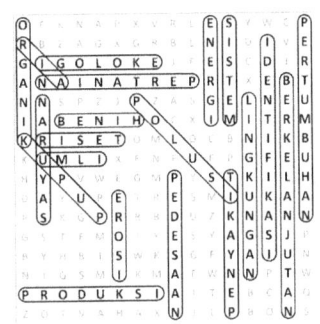

42 - Oceaan

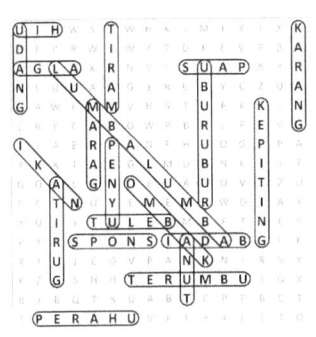

43 - Landen #2

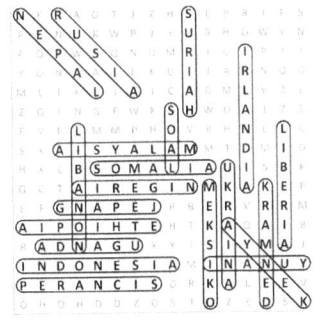

44 - Bloemen

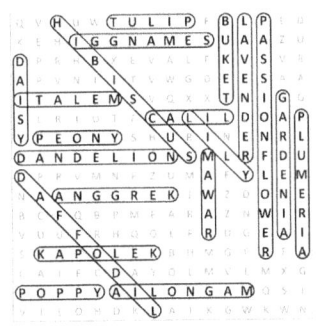

45 - Landschappen

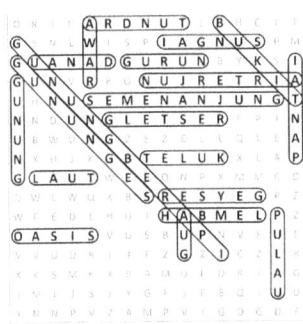

46 - Tuin

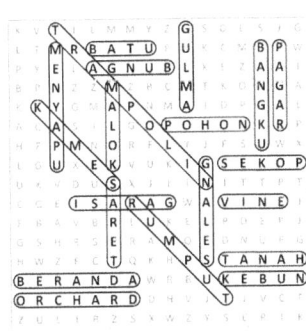

47 - Beroepen #2

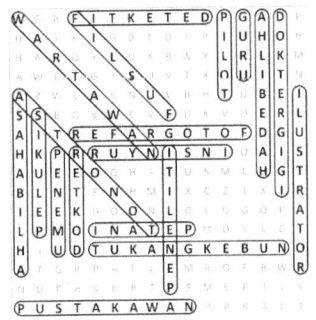

48 - Dagen en Maanden

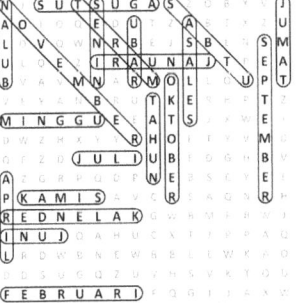

49 - Beeldende Kunsten

TANAH · OTOF · SINREP · PENA · PENSIL · PENYANGGA · KAPUR · SITRA · KREATIVITAS · PERSPEKTIF · KERAMIK · FILM

50 - Mode

NAMALUS · UAKGNAJRET · AYAGE · SEDERHANA · BUTIK · KENDURUNGAN · KAIN · VITAMINI

51 - Menselijk Lichaam

TUTUL · IRAJ · TANGAN · LIDAH · HABI · KULIT · SALAPEK · DAGU · HIDUNG

52 - Energie

PANAS · RAKA · BNAHAB · SULOPAU · ENOTOF · MINSEB · ENTROPI · KARBON · INDUSTRI · BATERAI

53 - Gebouwen

SATISREVINU · MUIROTAVRESBO · NAATUDEK · KIRBAP · GUDANG · POKSOIBAK · LETOH · LABORATORIUM · RUMAHSAKIT · STADION

54 - Beroepen #1

RIKNABSINAIP · NAWUMLI · ATLET · PERAWAT · PENGACARA · PERHIASAN · DOKTERHEWAN · KARTOGRAFER · DOKTER · ASTRONOM · GEOLOGI · ORANGE

55 - Antarctica

AWAN · LIN · BENUA · KULET · RESTELGU · SUHUG · PENELIT · YKCORIA · TOPOGRAFI · ILMIAH · SEMENANJUNG · GEOGRAFI · MINERAL · EKSPEDISI

56 - Ballet

OTOT · PRAKTEK · NIRIDAH · TEPUKTANGAN · GAYA · KOREOGRAFI · EKSPRESIF · ARTISTIK · KOMPOSER · SIKAP

57 - Fruit

BERRY · LEMON · TOKIRPA · ANGGUR · KISREP · PREM · MANGGA · NECTARINE · JERUK · RASPBERRY

58 - Engineering

NAKESEG · SUDUT · ENERGI · MARGAID · ISATOR · CAIRU · MESIN · NAMALANDEP · DIAMETER · NARUKNGNEP · MOTORUTKURTS · DIESEL · KONSTRUKSI

59 - Literatuur

IFARGOIB · NAGNIDNABREP · GOLAID · TKSIUUNEP · TAPADNEP · IRAMAMFOSAJAK · ROTARAN · PUISI · TRAGEDI · GOLANA

60 - Boeken

KONTEKS · RELEVAN · SUNEP · TRAGIS · DITULIS · UCUL · INVENTI · CERITA · SIROTSIH · PEMBACA · PETUALANGAN

61 - Meer Informatie

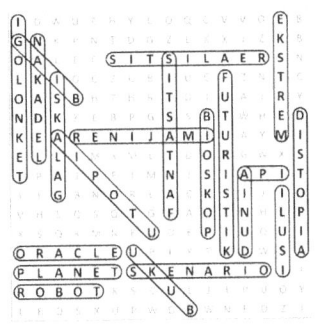

62 - Haartypes

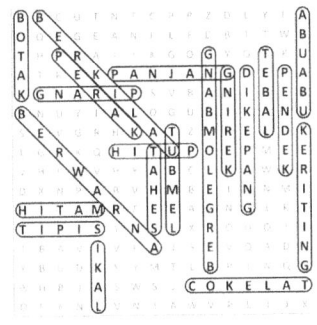

63 - Stad

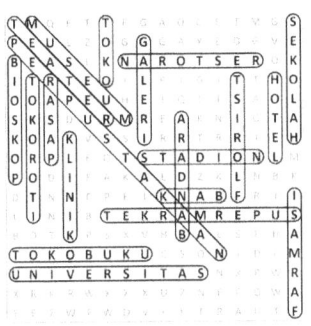

64 - Creativiteit

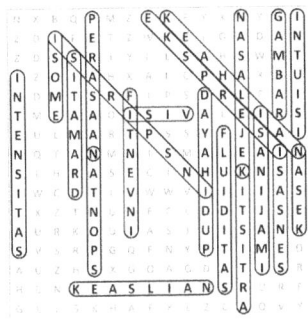

65 - Natuur

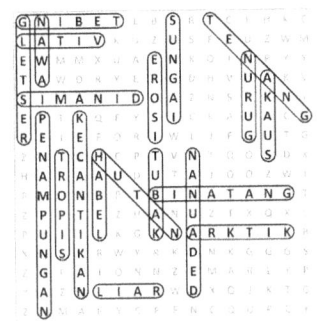

66 - Zoogdieren

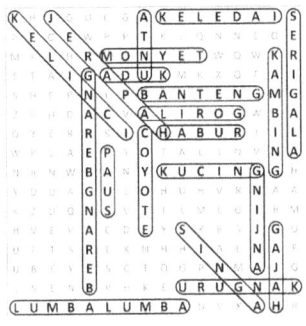

67 - Overheid

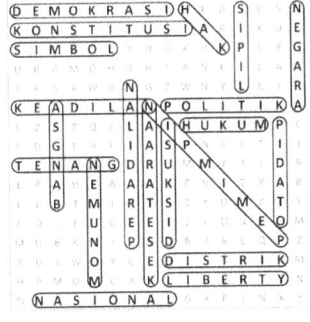

68 - Voertuigen

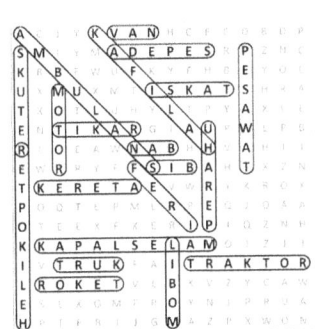

69 - Geografie

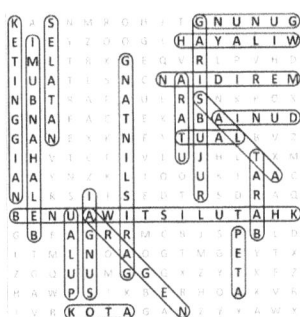

70 - Kunstbenodigdhe

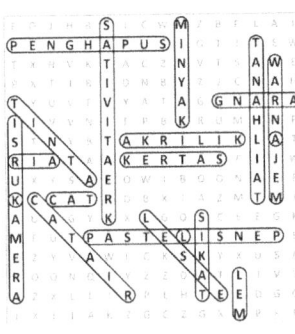

71 - Barbecues

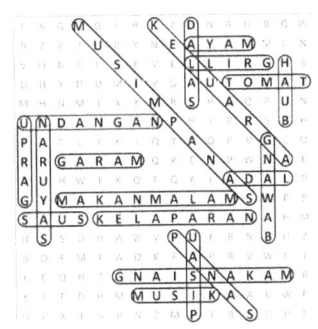

72 - Schoonheid

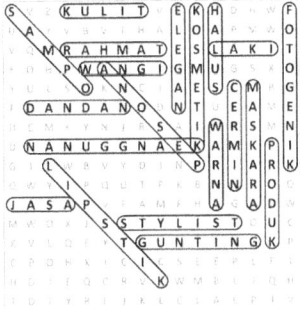

73 - Wetenschappelijk

74 - Bijvoeglijke Naamwoorden

75 - Kleding

76 - Vliegtuigen

77 - Herbalisme

78 - Kracht en Zwaartekracht

79 - Het Bedrijf

80 - Rijden

81 - Wetenschap

82 - Natuurkunde

83 - Muziekinstrument

84 - Ethiek

85 - Antiek

86 - Activiteiten en Vrije Ti

87 - Koffie

88 - Schaken

89 - Boerderij #1

90 - Huis

91 - Geometrie

92 - Jazz

93 - Getallen

94 - Boksen

95 - Boerderij #2

96 - Psychologie

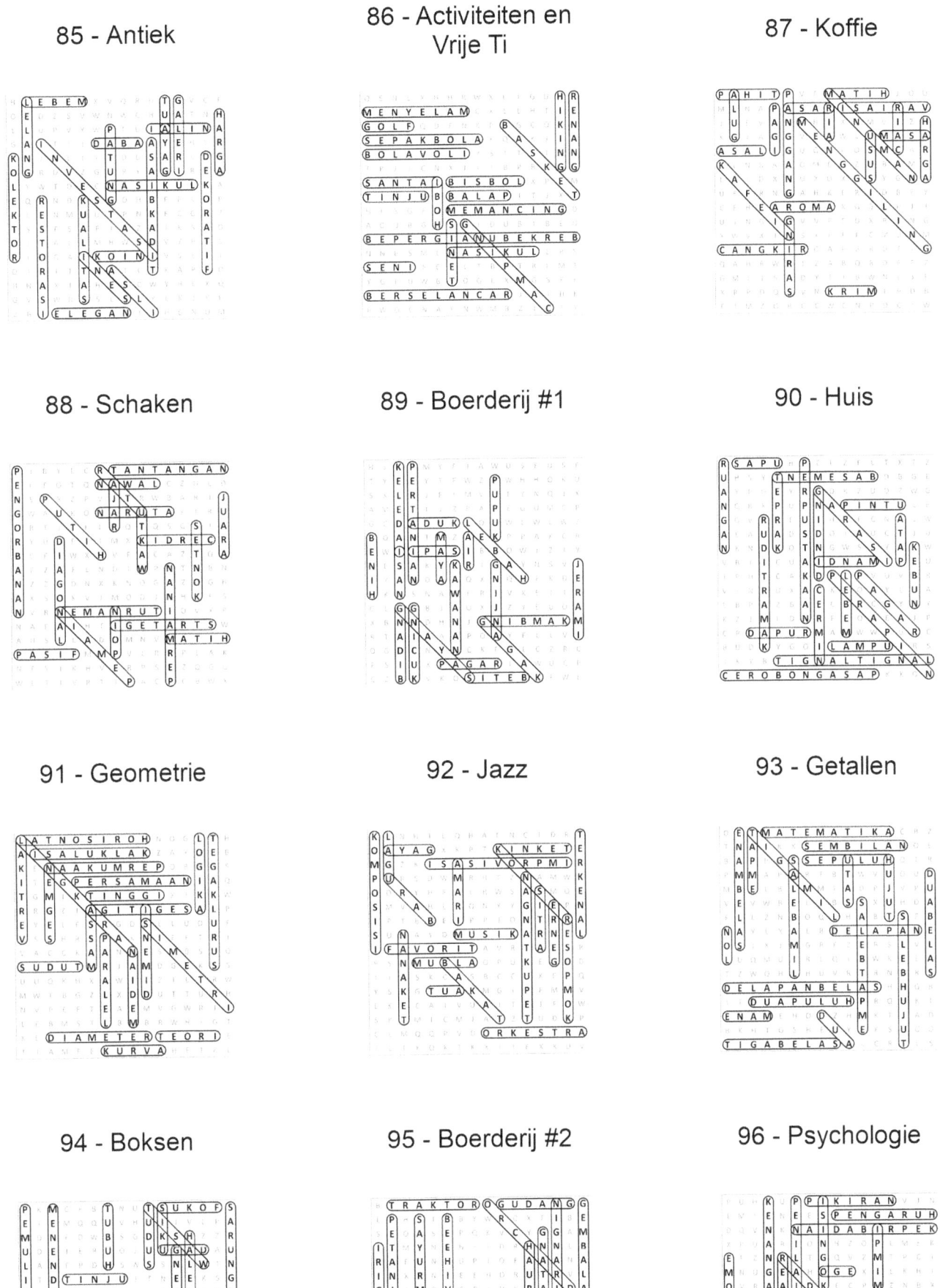

97 - Zakelijk

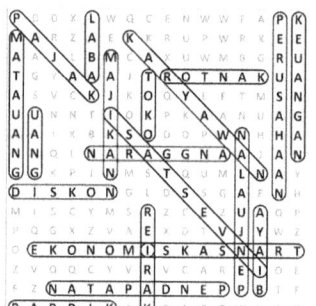

98 - Voeding

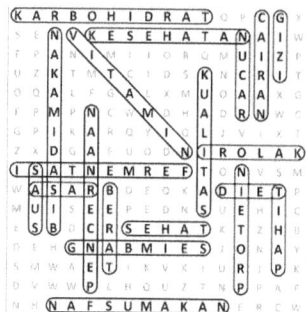

99 - Chemie

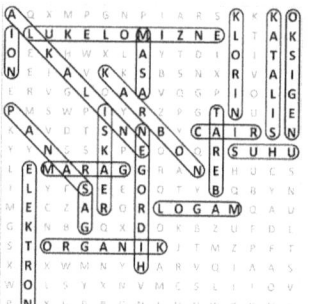

Woordenboek

Activiteiten
Kegiatan

Activiteit	Aktivitas
Ambachten	Kerajinan
Fotografie	Fotografi
Games	Permainan
Hengelsport	Memancing
Jacht	Berburu
Kamperen	Camping
Keramiek	Keramik
Kunst	Seni
Lezen	Membaca
Magie	Sihir
Naaien	Jahit
Ontspanning	Relaksasi
Plezier	Kesenangan
Puzzels	Puzzle
Schilderij	Lukisan
Tuinieren	Berkebun
Vaardigheid	Keahlian
Vrije Tijd	Rekreasi
Wandelen	Hiking

Activiteiten en Vrije Ti
Aktivitas dan Kenyamanan

Basketbal	Basket
Boksen	Tinju
Duiken	Menyelam
Golf	Golf
Hengelsport	Memancing
Hobby	Hobi
Honkbal	Bisbol
Kamperen	Camping
Kunst	Seni
Ontspannen	Santai
Racen	Balap
Reis	Bepergian
Schilderij	Lukisan
Surfen	Berselancar
Tennis	Tenis
Tuinieren	Berkebun
Voetbal	Sepak Bola
Volleybal	Bola Voli
Wandelen	Hiking
Zwemmen	Renang

Agronomie
Agronomi

Duurzaam	Berkelanjutan
Ecologie	Ekologi
Energie	Energi
Erosie	Erosi
Groei	Pertumbuhan
Groente	Sayuran
Identificatie	Identifikasi
Landbouw	Pertanian
Landelijk	Pedesaan
Mest	Pupuk
Omgeving	Lingkungan
Onderzoek	Riset
Organisch	Organik
Productie	Produksi
Systemen	Sistem
Vervuiling	Polusi
Water	Air
Wetenschap	Ilmu
Zaden	Benih
Ziekten	Penyakit

Algebra
Aljabar

Aftrekken	Pengurangan
Diagram	Diagram
Divisie	Divisi
Exponent	Eksponen
Factor	Faktor
Formule	Rumus
Fractie	Fraksi
Grafiek	Grafik
Haakje	Kurung
Hoeveelheid	Kuantitas
Lineair	Linear
Matrix	Matriks
Nul	Nol
Oneindig	Tak Terbatas
Oplossing	Solusi
Probleem	Masalah
Som	Jumlah
Vals	Salah
Variabele	Variabel
Vergelijking	Persamaan

Antarctica
Antartika

Baai	Teluk
Behoud	Konservasi
Continent	Benua
Eilanden	Pulau
Expeditie	Ekspedisi
Geografie	Geografi
Gletsjers	Gletser
Ijs	Es
Migratie	Migrasi
Mineralen	Mineral
Omgeving	Lingkungan
Onderzoeker	Peneliti
Pinguïn	Penguin
Rotsachtig	Rocky
Schiereiland	Semenanjung
Temperatuur	Suhu
Topografie	Topografi
Water	Air
Wetenschappelijk	Ilmiah
Wolken	Awan

Antiek
Barang Antik

Authentiek	Asli
Beeldhouwwerk	Patung
Decoratief	Dekoratif
Eeuw	Abad
Elegant	Elegan
Galerij	Galeri
Investering	Investasi
Kunst	Seni
Kwaliteit	Kualitas
Meubilair	Mebel
Munten	Koin
Ongewoon	Tidak Biasa
Oud	Tua
Prijs	Harga
Restauratie	Restorasi
Schilderijen	Lukisan
Stijl	Gaya
Veiling	Lelang
Verzamelaar	Kolektor
Waarde	Nilai

Archeologie
Arkeologi

Analyse	Analisis
Beschaving	Peradaban
Bevindingen	Temuan
Botten	Tulang
Deskundige	Ahli
Evaluatie	Evaluasi
Fossiel	Fosil
Fragmenten	Fragmen
Graf	Makam
Mysterie	Misteri
Nakomeling	Keturunan
Objecten	Objek
Onbekend	Diketahui
Onderzoeker	Peneliti
Oudheid	Jaman Dahulu
Relikwie	Relik
Team	Tim
Tempel	Kuil
Tijdperk	Zaman
Vergeten	Dilupakan

Astronomie
Astronomi

Aarde	Bumi
Asteroïde	Asteroid
Astronaut	Astronot
Astronoom	Astronom
Equinox	Equinox
Komeet	Komet
Kosmos	Kosmos
Maan	Bulan
Meteoor	Meteor
Nevel	Nebula
Observatorium	Observatorium
Planeet	Planet
Raket	Roket
Satelliet	Satelit
Ster	Bintang
Sterrenbeeld	Konstelasi
Straling	Radiasi
Telescoop	Teleskop
Universum	Alam Semesta
Zwaartekracht	Gravitasi

Avontuur
Petualangan

Activiteit	Aktivitas
Bestemming	Tujuan
Enthousiasme	Antusiasme
Excursie	Pesiar
Gevaarlijk	Berbahaya
Kans	Kesempatan
Moed	Keberanian
Moeilijkheid	Kesulitan
Natuur	Alam
Navigatie	Navigasi
Nieuw	Baru
Ongewoon	Tidak Biasa
Reizen	Perjalanan
Schoonheid	Kecantikan
Uitdagingen	Tantangan
Veiligheid	Keamanan
Verrassend	Mengejutkan
Voorbereiding	Persiapan
Vreugde	Kegembiraan
Vrienden	Teman

Ballet
Balet

Applaus	Tepuk Tangan
Artistiek	Artistik
Ballerina	Balerina
Choreografie	Koreografi
Componist	Komposer
Dansers	Penari
Expressief	Ekspresif
Gebaar	Sikap
Intensiteit	Intensitas
Muziek	Musik
Orkest	Orkestra
Praktijk	Praktek
Publiek	Hadirin
Repetitie	Latihan
Ritme	Irama
Sierlijk	Anggun
Spieren	Otot
Stijl	Gaya
Techniek	Teknik
Vaardigheid	Keahlian

Barbecues
Barbekyu

Diner	Makan Malam
Familie	Keluarga
Fruit	Buah
Grill	Grill
Groente	Sayuran
Heet	Panas
Honger	Kelaparan
Kip	Ayam
Lunch	Makan Siang
Messen	Pisau
Muziek	Musik
Peper	Lada
Salades	Salad
Saus	Saus
Tomaten	Tomat
Uien	Bawang
Uitnodiging	Undangan
Vorken	Garpu
Zomer	Musim Panas
Zout	Garam

Beeldende Kunsten
Seni Visual

Architectuur	Arsitektur
Artiest	Artis
Beeldhouwwerk	Patung
Creativiteit	Kreativitas
Ezel	Penyangga
Film	Film
Foto	Foto
Houtskool	Arang
Keramiek	Keramik
Klei	Tanah Liat
Krijt	Kapur
Meesterwerk	Mahakarya
Pen	Pena
Perspectief	Perspektif
Portret	Potret
Potlood	Pensil
Samenstelling	Komposisi
Schilderij	Lukisan
Vernis	Pernis
Was	Lilin

Behoud
Konservasi

Chemicaliën	Bahan Kimia
Duurzaam	Berkelanjutan
Ecosysteem	Ekosistem
Fiets	Siklus
Gezondheid	Kesehatan
Groen	Hijau
Habitat	Habitat
Klimaat	Iklim
Milieu	Lingkungan
Natuurlijk	Alami
Onderwijs	Pendidikan
Organisch	Organik
Pesticide	Pestisida
Recycleren	Daur Ulang
Veranderingen	Perubahan
Verminderen	Mengurangi
Vervuiling	Polusi
Vrijwilliger	Sukarelawan
Water	Air
Zorg	Perhatian

Beroepen #1
Profesi # 1

Advocaat	Pengacara
Ambassadeur	Duta Besar
Apotheker	Apoteker
Astronoom	Astronom
Atleet	Atlet
Bankier	Bankir
Cartograaf	Kartografer
Danser	Penari
Dierenarts	Dokter Hewan
Dokter	Dokter
Editor	Editor
Geoloog	Ahli Geologi
Jager	Hunter
Juwelier	Perhiasan
Loodgieter	Tukang Ledeng
Muzikant	Musisi
Pianist	Pianis
Psycholoog	Psikolog
Verpleegster	Perawat
Wetenschapper	Ilmuwan

Beroepen #2
Profesi # 2

Arts	Dokter
Astronaut	Astronot
Bibliothecaris	Pustakawan
Bioloog	Ahli Biologi
Boer	Petani
Chirurg	Ahli Bedah
Detective	Detektif
Filosoof	Filsuf
Fotograaf	Fotografer
Illustrator	Ilustrator
Ingenieur	Insinyur
Journalist	Wartawan
Leraar	Guru
Linguïst	Ahli Bahasa
Onderzoeker	Peneliti
Piloot	Pilot
Schilder	Pelukis
Tandarts	Dokter Gigi
Tuinman	Tukang Kebun
Uitvinder	Penemu

Bijen
Lebah

Bestuiver	Penyerbuk
Bijenkorf	Sarang
Bloemen	Bunga
Bloesem	Mekar
Diversiteit	Perbedaan
Ecosysteem	Ekosistem
Fruit	Buah
Habitat	Habitat
Honing	Sayang
Insect	Serangga
Koningin	Ratu
Rook	Asap
Stuifmeel	Serbuk Sari
Tuin	Kebun
Vleugels	Sayap
Voedsel	Makanan
Voordelig	Bermanfaat
Was	Lilin
Zon	Matahari
Zwerm	Kawanan

Bijvoeglijke Naamwoorden
Kata Sifat # 1

Aantrekkelijk	Menarik
Actief	Aktif
Ambitieus	Ambisius
Aromatisch	Aromatik
Artistiek	Artistik
Belangrijk	Penting
Diep	Dalam
Donker	Gelap
Dun	Tipis
Eerlijk	Jujur
Exotisch	Eksotis
Identiek	Identik
Jong	Muda
Lang	Panjang
Langzaam	Lambat
Modern	Modern
Onschuldig	Lugu
Perfect	Sempurna
Waardevol	Berharga
Zwaar	Berat

Bijvoeglijke Naamwoorden
Kata Sifat #2

Authentiek	Asli
Begaafd	Berbakat
Beschrijvend	Deskriptif
Creatief	Kreatif
Dramatisch	Dramatis
Gezond	Sehat
Hongerig	Lapar
Interessant	Menarik
Moe	Lelah
Natuurlijk	Alami
Nieuw	Baru
Normaal	Biasa
Productief	Produktif
Slaperig	Mengantuk
Sterk	Kuat
Trots	Bangga
Vers	Segar
Wild	Liar
Zout	Asin
Zuiver	Murni

Biologie
Biologi

Ademhaling	Respirasi
Anatomie	Anatomi
Cel	Sel
Chromosoom	Kromosom
Collageen	Kolagen
Eiwit	Protein
Embryo	Embrio
Enzym	Enzim
Evolutie	Evolusi
Fotosynthese	Fotosintesis
Hormoon	Hormon
Mutatie	Mutasi
Natuurlijk	Alami
Neuron	Neuron
Osmose	Osmosis
Reptiel	Reptil
Symbiose	Simbiosis
Synaps	Sinaps
Zenuw	Saraf
Zoogdier	Mamalia

Bloemen
Bunga-Bunga

Bloemblad	Kelopak
Boeket	Buket
Gardenia	Gardenia
Hibiscus	Hibiscus
Jasmijn	Melati
Klaver	Semanggi
Lavendel	Lavender
Lelie	Lily
Lila	Lilac
Madeliefje	Daisy
Magnolia	Magnolia
Narcis	Daffodil
Orchidee	Anggrek
Paardebloem	Dandelion
Papaver	Poppy
Passiebloem	Passionflower
Pioenroos	Peony
Plumeria	Plumeria
Roos	Mawar
Tulp	Tulip

Boeken
Buku-Buku

Auteur	Penulis
Avontuur	Petualangan
Bladzijde	Halaman
Collectie	Koleksi
Context	Konteks
Dualiteit	Dualitas
Episch	Epik
Geschreven	Ditulis
Historisch	Historis
Humoristisch	Lucu
Inventief	Inventif
Karakter	Watak
Lezer	Pembaca
Literair	Sastra
Poëzie	Puisi
Relevant	Relevan
Roman	Novel
Tragisch	Tragis
Verhaal	Cerita
Verteller	Narator

Boerderij #1
Peternakan #1

Bij	Lebah
Ezel	Keledai
Geit	Kambing
Hek	Pagar
Hond	Anjing
Honing	Sayang
Hooi	Jerami
Kalf	Betis
Kat	Kucing
Kip	Ayam
Koe	Sapi
Kraai	Gagak
Kudde	Kawanan
Landbouw	Pertanian
Mest	Pupuk
Paard	Kuda
Rijst	Nasi
Veld	Bidang
Water	Air
Zaden	Benih

Boerderij #2
Peternakan #2

Bijenkorf	Beehive
Boer	Petani
Boomgaard	Orchard
Dieren	Binatang
Eend	Bebek
Fruit	Buah
Gerst	Jelai
Groente	Sayur-Mayur
Herder	Gembala
Irrigatie	Irigasi
Lama	Llama
Maïs	Jagung
Melk	Susu
Schaap	Domba
Schuur	Gudang
Tarwe	Gandum
Tractor	Traktor
Voedsel	Makanan
Weide	Padang Rumput
Windmolen	Kincir Angin

Boksen
Tinju.

Elleboog	Siku
Focus	Fokus
Handschoenen	Sarung Tangan
Herstel	Pemulihan
Hoek	Sudut
Kin	Dagu
Klok	Lonceng
Kracht	Kekuatan
Lichaam	Tubuh
Punten	Poin
Scheidsrechter	Wasit
Schoppen	Menendang
Snel	Cepat
Tegenstander	Lawan
Touwen	Tali
Uitgeput	Lelah
Vaardigheid	Keahlian
Vechter	Pejuang
Vuist	Tinju

Boten
Perahu

Anker	Jangkar
Bemanning	Awak
Boei	Pelampung
Dok	Dok
Golven	Ombak
Jacht	Yacht
Kajak	Kayak
Kano	Kano
Maritiem	Maritim
Mast	Tiang Kapal
Meer	Danau
Motor	Mesin
Nautisch	Bahari
Reddingsboot	Sekoci
Rivier	Sungai
Touw	Tali
Veerboot	Feri
Vlot	Rakit
Zee	Laut
Zeilboot	Perahu Layar

Camping
Berkemah

Avontuur	Petualangan
Berg	Gunung
Bomen	Pohon
Bos	Hutan
Brand	Api
Cabine	Kabin
Dieren	Binatang
Hoed	Topi
Insect	Serangga
Jacht	Berburu
Kaart	Peta
Kano	Kano
Kompas	Kompas
Lantaarn	Lentera
Maan	Bulan
Meer	Danau
Natuur	Alam
Tent	Tenda
Touw	Tali
Verhalen	Cerita

Chemie
Kimia

Alkalisch	Alkaline
Chloor	Klorin
Elektron	Elektron
Enzym	Enzim
Gas	Gas
Gewicht	Berat
Ion	Ion
Katalysator	Katalis
Koolstof	Karbon
Metalen	Logam
Molecuul	Molekul
Organisch	Organik
Reactie	Reaksi
Temperatuur	Suhu
Vloeistof	Cair
Warmte	Panas
Waterstof	Hidrogen
Zout	Garam
Zuur	Asam
Zuurstof	Oksigen

Chocolade
Cokelat

Antioxidant	Antioksidan
Aroma	Aroma
Bitter	Pahit
Cacao	Kakao
Calorieën	Kalori
Exotisch	Eksotis
Favoriet	Favorit
Heerlijk	Lezat
Ingrediënt	Bahan
Karamel	Karamel
Kokosnoot	Kelapa
Kwaliteit	Kualitas
Pinda'S	Kacang
Poeder	Bubuk
Recept	Resep
Smaak	Rasa
Snoep	Permen
Suiker	Gula
Verlangen	Keinginan
Zoet	Manis

Creativiteit
Kreativitas

Artistiek	Artistik
Beeld	Gambar
Dramatisch	Dramatis
Echtheid	Keaslian
Emoties	Emosi
Gevoel	Sensasi
Gevoelens	Perasaan
Helderheid	Kejelasan
Indruk	Kesan
Inspiratie	Inspirasi
Intensiteit	Intensitas
Intuïtie	Intuisi
Inventief	Inventif
Spontaan	Spontan
Uitdrukking	Ekspresi
Vaardigheid	Keahlian
Verbeelding	Imajinasi
Visioenen	Visi
Vitaliteit	Daya Hidup
Vloeibaarheid	Fluiditas

Dagen en Maanden
Hari dan Bulan

April	April
Augustus	Agustus
Dinsdag	Selasa
Donderdag	Kamis
Februari	Februari
Jaar	Tahun
Januari	Januari
Juli	Juli
Juni	Juni
Kalender	Kalender
Maand	Bulan
Maandag	Senin
Maart	Maret
November	November
Oktober	Oktober
September	September
Vrijdag	Jumat
Woensdag	Rabu
Zaterdag	Sabtu
Zondag	Minggu

Dans
Menari

Academie	Akademi
Beweging	Gerakan
Choreografie	Koreografi
Cultureel	Kultural
Cultuur	Budaya
Emotie	Emosi
Expressief	Ekspresif
Genade	Rahmat
Houding	Sikap
Klassiek	Klasik
Kunst	Seni
Lichaam	Tubuh
Muziek	Musik
Partner	Mitra
Repetitie	Latihan
Ritme	Irama
Springen	Melompat
Traditioneel	Tradisional
Visueel	Visual

De Media
Media

Advertenties	Iklan
Commercieel	Komersial
Communicatie	Komunikasi
Digitaal	Digital
Editie	Edisi
Feiten	Fakta
Financiering	Pendanaan
Individueel	Individu
Industrie	Industri
Intellectueel	Intelektual
Kranten	Koran
Lokaal	Lokal
Mening	Pendapat
Netwerk	Jaringan
Onderwijs	Pendidikan
Online	Daring
Publiek	Umum
Radio	Radio
Televisie	Televisi
Tijdschriften	Majalah

Diplomatie
Diplomasi

Adviseur	Penasihat
Ambassade	Kedutaan
Ambassadeur	Duta Besar
Burgers	Warga
Conflict	Konflik
Diplomatiek	Diplomatik
Discussie	Diskusi
Ethiek	Etika
Gemeenschap	Komunitas
Gerechtigheid	Keadilan
Humanitair	Kemanusiaan
Integriteit	Integritas
Oplossing	Solusi
Politiek	Politik
Regering	Pemerintah
Resolutie	Resolusi
Samenwerking	Kerja Sama
Talen	Bahasa
Veiligheid	Keamanan
Verdrag	Perjanjian

Ecologie
Ekologi

Bergen	Gunung
Diversiteit	Perbedaan
Droogte	Kekeringan
Duurzaam	Berkelanjutan
Fauna	Fauna
Flora	Flora
Gemeenschappen	Komunitas
Globaal	Global
Habitat	Habitat
Klimaat	Iklim
Marinier	Laut
Moeras	Rawa
Natuur	Alam
Natuurlijk	Alami
Planten	Tanaman
Soort	Jenis
Variëteit	Variasi
Vegetatie	Vegetasi
Vrijwilligers	Relawan

Emoties
Emosi

Angst	Takut
Beschaamd	Malu
Dankbaar	Bersyukur
Droefheid	Kesedihan
Gelukzaligheid	Kebahagiaan
Inhoud	Isi
Kalm	Tenang
Liefde	Cinta
Ontspannen	Santai
Opluchting	Lega
Rust	Ketenangan
Sympathie	Simpati
Tederheid	Kelembutan
Tevreden	Puas
Verveling	Kebosanan
Vrede	Perdamaian
Vreugde	Kegembiraan
Vriendelijkheid	Kebaikan
Woede	Amarah

Energie
Energi

Accu	Baterai
Benzine	Bensin
Brandstof	Bahan Bakar
Diesel	Diesel
Elektrisch	Listrik
Elektron	Elektron
Entropie	Entropi
Foton	Foton
Hernieuwbaar	Terbarukan
Industrie	Industri
Koolstof	Karbon
Motor	Motor
Nucleair	Nuklir
Omgeving	Lingkungan
Stoom	Uap
Turbine	Turbin
Vervuiling	Polusi
Warmte	Panas
Waterstof	Hidrogen
Wind	Angin

Engineering
Rekayasa

As	Sumbu
Berekening	Kalkulasi
Beweging	Gerak
Bouw	Konstruksi
Diagram	Diagram
Diameter	Diameter
Diepte	Kedalaman
Diesel	Diesel
Energie	Energi
Hoek	Sudut
Kracht	Kekuatan
Machine	Mesin
Meting	Pengukuran
Motor	Motor
Rotatie	Rotasi
Stabiliteit	Stabilitas
Structuur	Struktur
Vloeistof	Cair
Voortstuwing	Propulsi
Wrijving	Gesekan

Eten #1
Makanan # 1

Aardbei	Stroberi
Abrikoos	Aprikot
Basilicum	Kemangi
Citroen	Lemon
Gerst	Jelai
Kaneel	Kayu Manis
Knoflook	Bawang Putih
Melk	Susu
Peer	Pir
Pinda	Kacang
Salade	Salad
Sap	Jus
Soep	Sup
Spinazie	Bayam
Suiker	Gula
Tonijn	Tuna
Ui	Bawang
Vlees	Daging
Wortel	Wortel
Zout	Garam

Eten #2
Makanan # 2

Amandel	Almond
Ananas	Nanas
Appel	Apel
Asperge	Asparagus
Aubergine	Terong
Banaan	Pisang
Broccoli	Brokoli
Brood	Roti
Druif	Anggur
Ei	Telur
Ham	Ham
Kaas	Keju
Kip	Ayam
Kiwi	Kiwi
Perzik	Persik
Rijst	Nasi
Tarwe	Gandum
Tomaat	Tomat
Vis	Ikan
Yoghurt	Yoghurt

Ethiek
Etika

Altruïsme	Altruisme
Diplomatiek	Diplomatik
Eerbiedig	Hormat
Eerlijkheid	Kejujuran
Filosofie	Filsafat
Geduld	Kesabaran
Integriteit	Integritas
Mededogen	Kasih Sayang
Mensheid	Kemanusiaan
Optimisme	Optimisme
Rationaliteit	Rasionalitas
Realisme	Realisme
Redelijk	Wajar
Samenwerking	Kerja Sama
Tolerantie	Toleransi
Vriendelijkheid	Kebaikan
Waarden	Nilai
Waardigheid	Martabat
Wijsheid	Kebijaksanaan

Fruit
Buah

Abrikoos	Aprikot
Ananas	Nanas
Appel	Apel
Avocado	Alpukat
Banaan	Pisang
Bes	Berry
Citroen	Lemon
Druif	Anggur
Framboos	Raspberry
Kers	Ceri
Kiwi	Kiwi
Kokosnoot	Kelapa
Mango	Mangga
Meloen	Melon
Nectarine	Nectarine
Oranje	Jeruk
Papaja	Pepaya
Peer	Pir
Perzik	Persik
Pruim	Prem

Gebouwen
Bangunan

Ambassade	Kedutaan
Appartement	Apartemen
Bioscoop	Bioskop
Boerderij	Pertanian
Cabine	Kabin
Fabriek	Pabrik
Hotel	Hotel
Kasteel	Kastil
Laboratorium	Laboratorium
Museum	Museum
Observatorium	Observatorium
School	Sekolah
Schuur	Gudang
Stadion	Stadion
Supermarkt	Supermarket
Tent	Tenda
Theater	Teater
Toren	Menara
Universiteit	Universitas
Ziekenhuis	Rumah Sakit

Geografie
Geografi

Atlas	Atlas
Berg	Gunung
Breedtegraad	Garis Lintang
Continent	Benua
Eiland	Pulau
Evenaar	Khatulistiwa
Halfrond	Belahan Bumi
Hoogte	Ketinggian
Kaart	Peta
Land	Negara
Lengtegraad	Garis Bujur
Meridiaan	Meridian
Noorden	Utara
Regio	Wilayah
Rivier	Sungai
Stad	Kota
Wereld	Dunia
Westen	Barat
Zee	Laut
Zuiden	Selatan

Geologie
Geologi

Aardbeving	Gempa Bumi
Calcium	Kalsium
Continent	Benua
Erosie	Erosi
Fossiel	Fosil
Geiser	Geyser
Gesmolten	Cair
Grot	Gua
Koraal	Karang
Kristallen	Kristal
Kwarts	Kuarsa
Laag	Lapisan
Lava	Lahar
Mineralen	Mineral
Stalactiet	Stalaktit
Steen	Batu
Vulkaan	Gunung Berapi
Zone	Zona
Zout	Garam
Zuur	Asam

Geometrie
Geometri

Berekening	Kalkulasi
Cirkel	Lingkaran
Curve	Kurva
Diameter	Diameter
Dimensie	Dimensi
Driehoek	Segitiga
Hoek	Sudut
Hoogte	Tinggi
Horizontaal	Horisontal
Logica	Logika
Loodrecht	Tegak Lurus
Massa	Massa
Mediaan	Median
Oppervlak	Permukaan
Parallel	Paralel
Segment	Segmen
Symmetrie	Simetri
Theorie	Teori
Vergelijking	Persamaan
Verticaal	Vertikal

Getallen
Angka

Acht	Delapan
Achttien	Delapan Belas
Dertien	Tiga Belas
Drie	Tiga
Een	Satu
Negen	Sembilan
Nul	Nol
Tien	Sepuluh
Twaalf	Dua Belas
Twee	Dua
Twintig	Dua Puluh
Veertien	Empat Belas
Vier	Empat
Vijf	Lima
Vijftien	Lima Belas
Wiskunde	Matematika
Zes	Enam
Zestien	Enam Belas
Zeven	Tujuh
Zeventien	Tujuh Belas

Gezondheid en Welzijn #1
Kesehatan dan Kebugaran

Actief	Aktif
Apotheek	Farmasi
Bacteriën	Bakteri
Behandeling	Pengobatan
Breuk	Patah
Dokter	Dokter
Gewoonte	Kebiasaan
Honger	Kelaparan
Hoogte	Tinggi
Hormonen	Hormon
Huid	Kulit
Kliniek	Klinik
Letsel	Cedera
Medicijn	Obat
Ontspanning	Relaksasi
Reflex	Refleks
Spieren	Otot
Therapie	Terapi
Virus	Virus
Zenuwen	Saraf

Gezondheid en Welzijn #2
Kesehatan dan Kebugaran

Allergie	Alergi
Anatomie	Anatomi
Bloed	Darah
Calorie	Kalori
Dieet	Diet
Energie	Energi
Genetica	Genetika
Gewicht	Berat
Gezond	Sehat
Herstel	Pemulihan
Hygiëne	Kebersihan
Infectie	Infeksi
Lichaam	Tubuh
Massage	Pijat
Spijsvertering	Pencernaan
Stress	Stres
Vitamine	Vitamin
Voeding	Gizi
Ziekenhuis	Rumah Sakit
Ziekte	Penyakit

Groenten
Sayuran

Aardappel	Kentang
Artisjok	Artichoke
Aubergine	Terong
Broccoli	Brokoli
Erwt	Kacang
Gember	Jahe
Knoflook	Bawang Putih
Komkommer	Mentimun
Olijf	Zaitun
Paddestoel	Jamur
Peterselie	Peterseli
Pompoen	Labu
Radijs	Lobak
Salade	Salad
Selderij	Seledri
Sjalot	Bawang Merah
Spinazie	Bayam
Tomaat	Tomat
Ui	Bawang
Wortel	Wortel

Haartypes
Jenis Rambut

Blond	Pirang
Bruin	Cokelat
Dik	Tebal
Droog	Kering
Dun	Tipis
Gekleurd	Berwarna
Gevlochten	Dikepang
Gezond	Sehat
Glimmend	Berkilau
Golvend	Bergelombang
Grijs	Abu-Abu
Kaal	Botak
Kort	Pendek
Krullen	Ikal
Krullend	Keriting
Lang	Panjang
Wit	Putih
Zacht	Lembut
Zilver	Perak
Zwart	Hitam

Herbalisme
Herbalisme

Aromatisch	Aromatik
Basilicum	Kemangi
Bloem	Bunga
Culinair	Kuliner
Dille	Dil
Dragon	Tarragon
Groen	Hijau
Ingrediënt	Bahan
Knoflook	Bawang Putih
Kwaliteit	Kualitas
Lavendel	Lavender
Marjolein	Marjoram
Oregano	Oregano
Peterselie	Peterseli
Rozemarijn	Rosemary
Saffraan	Kunyit
Smaak	Rasa
Tijm	Timi
Tuin	Kebun
Venkel	Adas

Het Bedrijf
Perusahaan

Beslissing	Keputusan
Creatief	Kreatif
Eenheden	Unit
Globaal	Global
Industrie	Industri
Inkomsten	Pendapatan
Innovatief	Inovatif
Investering	Investasi
Kwaliteit	Kualitas
Loon	Upah
Mogelijkheid	Kemungkinan
Presentatie	Presentasi
Product	Produk
Professioneel	Profesional
Reputatie	Reputasi
Risico'S	Risiko
Trends	Tren
Vooruitgang	Kemajuan
Werkgelegenheid	Pekerjaan
Zaak	Bisnis

Huis
Rumah

Bezem	Sapu
Bibliotheek	Perpustakaan
Dak	Atap
Deur	Pintu
Douche	Mandi
Garage	Garasi
Haard	Perapian
Hek	Pagar
Kamer	Ruangan
Kelder	Basement
Keuken	Dapur
Lamp	Lampu
Meubilair	Mebel
Muur	Dinding
Plafond	Langit-Langit
Schoorsteen	Cerobong Asap
Slaapkamer	Kamar Tidur
Spiegel	Cermin
Tapijt	Karpet
Tuin	Kebun

Installaties
Tanaman

Bamboe	Bambu
Bes	Berry
Blad	Daun
Bloem	Bunga
Boom	Pohon
Boon	Kacang
Bos	Hutan
Cactus	Kaktus
Flora	Flora
Gebladerte	Dedaunan
Gras	Rumput
Klimop	Ivy
Kruid	Herba
Mest	Pupuk
Mos	Lumut
Plantkunde	Botani
Struik	Semak
Tuin	Kebun
Vegetatie	Vegetasi
Wortel	Akar

Jazz
Jazz

Album	Album
Applaus	Tepuk Tangan
Artiest	Artis
Beroemd	Terkenal
Componist	Komposer
Concert	Konser
Favorieten	Favorit
Genre	Genre
Improvisatie	Improvisasi
Lied	Lagu
Muziek	Musik
Nadruk	Tekanan
Nieuw	Baru
Orkest	Orkestra
Oud	Tua
Ritme	Irama
Samenstelling	Komposisi
Stijl	Gaya
Talent	Bakat
Techniek	Teknik

Kleding
Pakaian

Armband	Gelang
Blouse	Blus
Broek	Celana
Handschoenen	Sarung Tangan
Hoed	Topi
Jas	Mantel
Jasje	Jas
Jurk	Gaun
Ketting	Kalung
Mode	Mode
Pyjama	Piyama
Riem	Ikat Pinggang
Rok	Rok
Sandalen	Sandal
Schoen	Sepatu
Schort	Celemek
Shirt	Baju
Sjaal	Syal
Sokken	Kaus Kaki
Trui	Sweter

Klimmen
Pendakian

Atmosfeer	Suasana
Deskundige	Ahli
Fysiek	Fisik
Gidsen	Panduan
Grot	Gua
Handschoenen	Sarung Tangan
Helm	Helm
Hoogte	Ketinggian
Kaart	Peta
Kracht	Kekuatan
Laarzen	Sepatu Bot
Letsel	Cedera
Nieuwsgierigheid	Keingintahuan
Opleiding	Pelatihan
Smal	Sempit
Stabiliteit	Stabilitas
Terrein	Medan
Uitdagingen	Tantangan
Wandelen	Hiking

Koffie
Kopi

Aroma	Aroma
Beker	Cangkir
Bitter	Pahit
Cafeïne	Kafein
Drank	Minuman
Filter	Saring
Geroosterd	Panggang
Malen	Menggiling
Melk	Susu
Ochtend	Pagi
Oorsprong	Asal
Prijs	Harga
Room	Krim
Smaak	Rasa
Suiker	Gula
Variëteit	Variasi
Vloeistof	Cair
Water	Air
Zuur	Asam
Zwart	Hitam

Kracht en Zwaartekracht
Gaya dan Gravitasi

Afstand	Jarak
As	Sumbu
Baan	Orbit
Beweging	Gerak
Centrum	Pusat
Druk	Tekanan
Dynamisch	Dinamis
Eigendommen	Properti
Gewicht	Berat
Impact	Dampak
Magnetisme	Magnetisme
Mechanica	Mekanika
Natuurkunde	Fisika
Ontdekking	Penemuan
Planeten	Planet
Snelheid	Kecepatan
Tijd	Waktu
Uitbreiding	Ekspansi
Universeel	Universal
Wrijving	Gesekan

Kunstbenodigdheden
Perlengkapan Seni

Acryl	Akrilik
Aquarellen	Cat Air
Borstels	Sikat
Camera	Kamera
Creativiteit	Kreativitas
Ezel	Easel
Gom	Penghapus
Houtskool	Arang
Inkt	Tinta
Klei	Tanah Liat
Kleuren	Warna
Lijm	Lem
Olie	Minyak
Papier	Kertas
Pastel	Pastel
Potloden	Pensil
Stoel	Kursi
Tafel	Meja
Verf	Cat
Water	Air

Landen #1
Negara # 1

België	Belgia
Brazilië	Brazil
Cambodja	Kamboja
Canada	Kanada
Chili	Chili
Duitsland	Jerman
Egypte	Mesir
Irak	Irak
Israël	Israel
Italië	Italia
Letland	Latvia
Libië	Libya
Marokko	Maroko
Nicaragua	Nikaragua
Noorwegen	Norwegia
Panama	Panama
Polen	Polandia
Roemenië	Rumania
Senegal	Senegal
Spanje	Spanyol

Landen #2
Negara #2

Denemarken	Denmark
Ethiopië	Ethiopia
Frankrijk	Perancis
Griekenland	Yunani
Ierland	Irlandia
Indonesië	Indonesia
Japan	Jepang
Kenia	Kenya
Laos	Laos
Libanon	Libanon
Liberia	Liberia
Maleisië	Malaysia
Mexico	Meksiko
Nepal	Nepal
Nigeria	Nigeria
Oeganda	Uganda
Oekraïne	Ukraina
Rusland	Rusia
Somalië	Somalia
Syrië	Suriah

Landschappen
Pemandangan Alam

Berg	Gunung
Eiland	Pulau
Geiser	Geyser
Gletsjer	Gletser
Golf	Teluk
Grot	Gua
Heuvel	Bukit
Ijsberg	Gunung Es
Meer	Danau
Moeras	Rawa
Oase	Oasis
Rivier	Sungai
Schiereiland	Semenanjung
Strand	Pantai
Toendra	Tundra
Vallei	Lembah
Vulkaan	Gunung Berapi
Waterval	Air Terjun
Woestijn	Gurun
Zee	Laut

Literatuur
Literatur

Analogie	Analogi
Analyse	Analisis
Anekdote	Anekdot
Auteur	Penulis
Biografie	Biografi
Conclusie	Kesimpulan
Dialoog	Dialog
Fictie	Fiksi
Gedicht	Puisi
Mening	Pendapat
Metafoor	Metafora
Poëtisch	Puitis
Rijm	Sajak
Ritme	Irama
Roman	Novel
Stijl	Gaya
Thema	Tema
Tragedie	Tragedi
Vergelijking	Perbandingan
Verteller	Narator

Meditatie
Meditasi

Aandacht	Perhatian
Aanvaarding	Penerimaan
Beweging	Gerakan
Dankbaarheid	Syukur
Emoties	Emosi
Gedachten	Pikiran
Geluk	Kebahagiaan
Helderheid	Kejelasan
Houding	Sikap
Kalm	Tenang
Mededogen	Kasih Sayang
Mentaal	Mental
Muziek	Musik
Natuur	Alam
Observatie	Observasi
Perspectief	Perspektif
Stilte	Kesunyian
Vrede	Perdamaian
Vriendelijkheid	Kebaikan
Wakker	Bangun

Meer Informatie
Fiksi Ilmiah

Bioscoop	Bioskop
Boeken	Buku
Brand	Api
Denkbeeldig	Imajiner
Dystopie	Distopia
Explosie	Ledakan
Extreem	Ekstrem
Fantastisch	Fantastis
Futuristisch	Futuristik
Illusie	Ilusi
Mysterieus	Gaib
Orakel	Oracle
Planeet	Planet
Realistisch	Realistis
Robots	Robot
Scenario	Skenario
Sterrenstelsel	Galaksi
Technologie	Teknologi
Utopie	Utopia
Wereld	Dunia

Menselijk Lichaam
Tubuh Manusia

Been	Kaki
Bloed	Darah
Elleboog	Siku
Hand	Tangan
Hart	Hati
Hersenen	Otak
Hoofd	Kepala
Huid	Kulit
Kaak	Rahang
Kin	Dagu
Knie	Lutut
Maag	Perut
Mond	Mulut
Nek	Leher
Neus	Hidung
Oog	Mata
Oor	Telinga
Schouder	Bahu
Tong	Lidah
Vinger	Jari

Metingen
Pengukuran

Breedte	Lebar
Byte	Byte
Centimeter	Sentimeter
Decimaal	Desimal
Diepte	Kedalaman
Gewicht	Berat
Gram	Gram
Hoogte	Tinggi
Inch	Inci
Kilogram	Kilogram
Kilometer	Kilometer
Lengte	Panjang
Liter	Liter
Massa	Massa
Meter	Meter
Minuut	Menit
Ons	Ons
Pint	Pint
Ton	Ton
Volume	Volume

Mode
Fashion

Afmetingen	Pengukuran
Bescheiden	Sederhana
Betaalbaar	Terjangkau
Borduurwerk	Sulaman
Comfortabel	Nyaman
Duur	Mahal
Elegant	Elegan
Kant	Renda
Kleding	Pakaian
Knop	Tombol
Minimalistisch	Minimalis
Modern	Modern
Origineel	Asli
Patroon	Pola
Praktisch	Praktis
Stijl	Gaya
Stof	Kain
Textuur	Tekstur
Trend	Kecenderungan
Winkel	Butik

Muziek
Musik

Album	Album
Ballade	Balada
Eclectisch	Eklektik
Harmonie	Harmoni
Instrument	Alat
Klassiek	Klasik
Koor	Paduan Suara
Lyrisch	Liris
Melodie	Melodi
Microfoon	Mikrofon
Muzikaal	Musikal
Muzikant	Musisi
Opera	Opera
Opname	Rekaman
Poëtisch	Puitis
Ritme	Irama
Ritmisch	Berirama
Tempo	Tempo
Zanger	Penyanyi
Zingen	Menyanyi

Muziekinstrumenten
Instrumen Musik

Banjo	Banjo
Cello	Selo
Fagot	Bassoon
Fluit	Seruling
Gitaar	Gitar
Gong	Gong
Harp	Harpa
Hobo	Obo
Klarinet	Klarinet
Mandoline	Mandolin
Marimba	Marimba
Mondharmonica	Harmonika
Percussie	Perkusi
Piano	Piano
Saxofoon	Saksofon
Tamboerijn	Rebana
Trombone	Trombon
Trommel	Drum
Trompet	Terompet
Viool	Biola

Mythologie
Mitologi

Archetype	Pola Dasar
Bliksem	Petir
Creatie	Penciptaan
Cultuur	Budaya
Donder	Guntur
Doolhof	Labirin
Gedrag	Perilaku
Held	Pahlawan
Hemel	Surga
Jaloezie	Kecemburuan
Kracht	Kekuatan
Krijger	Pejuang
Legende	Legenda
Magisch	Gaib
Monster	Rakasa
Onsterfelijkheid	Keabadian
Ramp	Bencana
Sterfelijk	Fana
Wezen	Makhluk
Wraak	Balas Dendam

Natuur
Alam

Arctisch	Arktik
Bijen	Lebah
Bos	Hutan
Dieren	Binatang
Dynamisch	Dinamis
Erosie	Erosi
Gebladerte	Dedaunan
Gletsjer	Gletser
Heiligdom	Suaka
Klippen	Tebing
Mist	Kabut
Rivier	Sungai
Schoonheid	Kecantikan
Schuilplaats	Penampungan
Sereen	Tenang
Tropisch	Tropis
Vitaal	Vital
Wild	Liar
Woestijn	Gurun
Wolken	Awan

Natuurkunde
Fisika

Atoom	Atom
Chaos	Kekacauan
Chemisch	Bahan Kimia
Deeltje	Partikel
Dichtheid	Kepadatan
Elektron	Elektron
Experiment	Percobaan
Formule	Rumus
Frequentie	Frekuensi
Gas	Gas
Magnetisme	Magnetisme
Massa	Massa
Mechanica	Mekanika
Molecuul	Molekul
Motor	Mesin
Relativiteit	Relativitas
Snelheid	Kecepatan
Universeel	Universal
Versnelling	Akselerasi
Zwaartekracht	Gravitasi

Oceaan
Samudra

Aal	Belut
Algen	Alga
Boot	Perahu
Dolfijn	Lumba-Lumba
Garnaal	Udang
Golven	Ombak
Haai	Hiu
Koraal	Karang
Krab	Kepiting
Kwal	Ubur-Ubur
Octopus	Gurita
Oester	Tiram
Rif	Terumbu
Schildpad	Penyu
Spons	Spons
Storm	Badai
Tonijn	Tuna
Vis	Ikan
Walvis	Paus
Zout	Garam

Opwarming van de Aarde
Pemanasan Global

Aandacht	Perhatian
Arctisch	Arktik
Crisis	Krisis
Energie	Energi
Gas	Gas
Gegevens	Data
Generaties	Generasi
Gevolgen	Konsekuensi
Industrie	Industri
Internationaal	Internasional
Klimaat	Iklim
Milieu	Lingkungan
Nu	Sekarang
Ontwikkeling	Pembangunan
Regering	Pemerintah
Temperaturen	Suhu
Toekomst	Masa Depan
Veranderingen	Perubahan
Wetenschapper	Ilmuwan
Wetgeving	Legislasi

Overheid
Pemerintah

Civiel	Sipil
Democratie	Demokrasi
Discussie	Diskusi
Gelijkheid	Kesetaraan
Gerechtelijk	Peradilan
Gerechtigheid	Keadilan
Grondwet	Konstitusi
Leider	Pemimpin
Monument	Monumen
Natie	Bangsa
Nationaal	Nasional
Politiek	Politik
Rechten	Hak
Rustig	Tenang
Staat	Negara
Symbool	Simbol
Toespraak	Pidato
Vrijheid	Liberty
Wet	Hukum
Wijk	Distrik

Psychologie
Psikologi

Afspraak	Janji
Beoordeling	Penilaian
Bewusteloos	Bawah Sadar
Cognitie	Kognisi
Conflict	Konflik
Dromen	Mimpi
Ego	Ego
Emoties	Emosi
Ervaringen	Pengalaman
Gedachten	Pikiran
Gedrag	Perilaku
Gevoel	Sensasi
Herinneringen	Kenangan
Invloed	Pengaruh
Klinisch	Klinis
Perceptie	Persepsi
Persoonlijkheid	Kepribadian
Probleem	Masalah
Realiteit	Realitas
Therapie	Terapi

Restaurant #2
Restoran #2

Cake	Kue
Diner	Makan Malam
Drank	Minuman
Eieren	Telur
Fruit	Buah
Groente	Sayuran
Heerlijk	Lezat
Ijs	Es
Lepel	Sendok
Lunch	Makan Siang
Noedels	Mie
Ober	Pelayan
Salade	Salad
Soep	Sup
Specerijen	Rempah-Rempah
Stoel	Kursi
Vis	Ikan
Vork	Garpu
Water	Air
Zout	Garam

Rijden
Mengemudi

Auto	Mobil
Brandstof	Bahan Bakar
Garage	Garasi
Gas	Gas
Gevaar	Bahaya
Kaart	Peta
Licentie	Lisensi
Motor	Motor
Motorfiets	Sepeda Motor
Ongeluk	Kecelakaan
Politie	Polisi
Remmen	Rem
Snelheid	Kecepatan
Straat	Jalan
Tunnel	Terowongan
Veiligheid	Keamanan
Verkeer	Lalu Lintas
Vervoer	Transportasi
Voetganger	Pejalan Kaki
Vrachtauto	Truk

Schaken
Catur

Diagonaal	Diagonal
Kampioen	Juara
Koning	Raja
Koningin	Ratu
Offer	Pengorbanan
Passief	Pasif
Punten	Poin
Reglement	Aturan
Slim	Cerdik
Spel	Permainan
Speler	Pemain
Strategie	Strategi
Tegenstander	Lawan
Tijd	Waktu
Toernooi	Turnamen
Uitdagingen	Tantangan
Wedstrijd	Kontes
Wit	Putih
Zwart	Hitam

Schoonheid
Kecantikan

Charme	Pesona
Cosmetica	Kosmetik
Diensten	Jasa
Elegant	Elegan
Elegantie	Keanggunan
Fotogeniek	Fotogenik
Genade	Rahmat
Geur	Wangi
Glad	Halus
Huid	Kulit
Kleur	Warna
Krullen	Ikal
Lippenstift	Lipstik
Mascara	Maskara
Producten	Produk
Schaar	Gunting
Shampoo	Sampo
Spiegel	Cermin
Stilist	Stylist
Verzinnen	Dandan

Specerijen
Rempah-Rempah

Anijs	Anise
Bitter	Pahit
Fenegriek	Fenugreek
Gember	Jahe
Kaneel	Kayu Manis
Kardemom	Kapulaga
Kerrie	Kari
Knoflook	Bawang Putih
Komijn	Jinten
Koriander	Ketumbar
Kruidnagel	Cengkeh
Nootmuskaat	Pala
Paprika	Paprika
Saffraan	Kunyit
Smaak	Rasa
Ui	Bawang
Vanille	Vanila
Venkel	Adas
Zoet	Manis
Zout	Garam

Stad
Kota

Apotheek	Farmasi
Bakkerij	Toko Roti
Bank	Bank
Bibliotheek	Perpustakaan
Bioscoop	Bioskop
Bloemist	Florist
Boekhandel	Toko Buku
Galerij	Galeri
Hotel	Hotel
Kliniek	Klinik
Luchthaven	Bandara
Markt	Pasar
Museum	Museum
Restaurant	Restoran
School	Sekolah
Stadion	Stadion
Supermarkt	Supermarket
Theater	Teater
Universiteit	Universitas
Winkel	Toko

Tijd
Waktu

Dag	Hari
Decennium	Dasawarsa
Eeuw	Abad
Gisteren	Kemarin
Jaar	Tahun
Jaarlijks	Tahunan
Kalender	Kalender
Maand	Bulan
Middag	Siang
Minuut	Menit
Morgen	Besok
Na	Setelah
Nacht	Malam
Nu	Sekarang
Ochtend	Pagi
Toekomst	Masa Depan
Uur	Jam
Vandaag	Hari Ini
Vroeg	Dini
Week	Minggu

Tuin
Taman

Bank	Bangku
Bloem	Bunga
Bodem	Tanah
Boom	Pohon
Boomgaard	Orchard
Garage	Garasi
Gras	Rumput
Hark	Menyapu
Hek	Pagar
Onkruid	Gulma
Rotsen	Batu
Schop	Sekop
Slang	Selang
Struik	Semak
Terras	Teras
Trampoline	Trampolin
Tuin	Kebun
Veranda	Beranda
Vijver	Kolam
Wijnstok	Vine

Universum
Universe

Asteroïde	Asteroid
Astronomie	Astronomi
Astronoom	Astronom
Atmosfeer	Suasana
Baan	Orbit
Breedtegraad	Garis Lintang
Dierenriem	Zodiak
Duisternis	Kegelapan
Evenaar	Khatulistiwa
Halfrond	Belahan Bumi
Hemel	Langit
Horizon	Horison
Kantelen	Miring
Kosmisch	Kosmik
Lengtegraad	Garis Bujur
Maan	Bulan
Sterrenstelsel	Galaksi
Telescoop	Teleskop
Zichtbaar	Terlihat
Zonnewende	Solstice

Vakantie #2
Liburan #2

Bestemming	Tujuan
Buitenlander	Orang Asing
Buitenlands	Asing
Eiland	Pulau
Hotel	Hotel
Kaart	Peta
Kamperen	Camping
Luchthaven	Bandara
Paspoort	Paspor
Reis	Perjalanan
Reserveringen	Reservasi
Restaurant	Restoran
Strand	Pantai
Taxi	Taksi
Tent	Tenda
Vakantie	Liburan
Vervoer	Transportasi
Visum	Visa
Vrije Tijd	Rekreasi
Zee	Laut

Vliegtuigen
Pesawat Terbang

Afdaling	Keturunan
Atmosfeer	Suasana
Avontuur	Petualangan
Ballon	Balon
Bemanning	Awak
Bouw	Konstruksi
Brandstof	Bahan Bakar
Geschiedenis	Sejarah
Hemel	Langit
Hoogte	Tinggi
Landen	Pendaratan
Lucht	Udara
Motor	Mesin
Navigeren	Navigasi
Ontwerp	Desain
Passagier	Penumpang
Piloot	Pilot
Richting	Arah
Turbulentie	Turbulensi
Waterstof	Hidrogen

Voeding
Nutrisi

Bitter	Pahit
Calorieën	Kalori
Dieet	Diet
Eetbaar	Bisa Dimakan
Eetlust	Nafsu Makan
Eiwitten	Protein
Evenwichtig	Seimbang
Fermentatie	Fermentasi
Gewicht	Berat
Gezond	Sehat
Gezondheid	Kesehatan
Koolhydraten	Karbohidrat
Kwaliteit	Kualitas
Saus	Saus
Smaak	Rasa
Spijsvertering	Pencernaan
Toxine	Racun
Vitamine	Vitamin
Vloeistoffen	Cairan
Voedingsstof	Gizi

Voertuigen
Kendaraan

Ambulance	Ambulans
Auto	Mobil
Banden	Ban
Bestelwagen	Van
Boot	Perahu
Bus	Bis
Caravan	Kafilah
Fiets	Sepeda
Helikopter	Helikopter
Motor	Motor
Onderzeeër	Kapal Selam
Raket	Roket
Scooter	Skuter
Taxi	Taksi
Tractor	Traktor
Trein	Kereta
Veerboot	Feri
Vliegtuig	Pesawat
Vlot	Rakit
Vrachtauto	Truk

Vogels
Burung-Burung

Duif	Merpati
Eend	Bebek
Ei	Telur
Flamingo	Flamingo
Havik	Elang
Kanarie	Kenari
Kip	Ayam
Koekoek	Cuckoo
Kraai	Gagak
Meeuw	Gull
Mus	Burung Pipit
Ooievaar	Bangau
Papegaai	Burung Beo
Pauw	Merak
Pelikaan	Pelikan
Pinguïn	Penguin
Struisvogel	Burung Unta
Toekan	Toucan
Uil	Burung Hantu
Zwaan	Angsa

Wandelen
Mendaki

Berg	Gunung
Dieren	Binatang
Gevaren	Bahaya
Kaart	Peta
Kamperen	Camping
Klif	Tebing
Klimaat	Iklim
Laarzen	Sepatu Bot
Moe	Lelah
Muggen	Nyamuk
Natuur	Alam
Oriëntatie	Orientasi
Parken	Taman
Stenen	Batu
Top	Puncak
Voorbereiding	Persiapan
Water	Air
Wild	Liar
Zon	Matahari
Zwaar	Berat

Weersomstandigheden
Cuaca

Atmosfeer	Suasana
Bliksem	Petir
Donder	Guntur
Droog	Kering
Droogte	Kekeringan
Hemel	Langit
Ijs	Es
Klimaat	Iklim
Mist	Kabut
Moesson	Musim
Overstroming	Banjir
Polair	Kutub
Regenboog	Pelangi
Storm	Badai
Temperatuur	Suhu
Tornado	Tornado
Tropisch	Tropis
Vochtig	Lembab
Wind	Angin
Wolk	Awan

Wetenschap
Sains

Atoom	Atom
Chemisch	Bahan Kimia
Deeltjes	Partikel
Evolutie	Evolusi
Experiment	Percobaan
Feit	Fakta
Fossiel	Fosil
Gegevens	Data
Hypothese	Hipotesis
Klimaat	Iklim
Laboratorium	Laboratorium
Methode	Metode
Mineralen	Mineral
Moleculen	Molekul
Natuur	Alam
Natuurkunde	Fisika
Observatie	Observasi
Organisme	Organisme
Wetenschapper	Ilmuwan
Zwaartekracht	Gravitasi

Wetenschappelijke Discip
Disiplin Ilmiah

Anatomie	Anatomi
Archeologie	Arkeologi
Astronomie	Astronomi
Biochemie	Biokimia
Biologie	Biologi
Chemie	Kimia
Ecologie	Ekologi
Fysiologie	Fisiologi
Geologie	Geologi
Immunologie	Imunologi
Mechanica	Mekanika
Meteorologie	Meteorologi
Mineralogie	Mineralogi
Neurologie	Neurologi
Plantkunde	Botani
Psychologie	Psikologi
Robotica	Robotika
Sociologie	Sosiologi
Thermodynamica	Termodinamika
Voeding	Gizi

Wiskunde
Matematika

Bol	Bola
Decimaal	Desimal
Diameter	Diameter
Divisie	Divisi
Driehoek	Segitiga
Exponent	Eksponen
Fractie	Fraksi
Geometrie	Geometri
Hoeken	Sudut
Loodrecht	Tegak Lurus
Omtrek	Perimeter
Parallel	Paralel
Parallellogram	Parallelogram
Rekenkundig	Hitung
Som	Jumlah
Symmetrie	Simetri
Veelhoek	Poligon
Vergelijking	Persamaan
Vierkant	Persegi
Volume	Volume

Zakelijk
Bisnis

Bedrijf	Perusahaan
Begroting	Anggaran
Belastingen	Pajak
Carrière	Karier
Economie	Ekonomi
Fabriek	Pabrik
Financiën	Keuangan
Geld	Uang
Inkomen	Pendapatan
Investering	Investasi
Kantoor	Kantor
Korting	Diskon
Kosten	Biaya
Transactie	Transaksi
Valuta	Mata Uang
Verkoop	Penjualan
Werkgever	Majikan
Werknemer	Karyawan
Winkel	Toko
Winst	Laba

Ziekte
Penyakit

Ademhaling	Pernapasan
Allergieën	Alergi
Bacterieel	Bakteri
Besmettelijk	Menular
Botten	Tulang
Buik	Perut
Chronisch	Kronis
Erfelijk	Herediter
Genetisch	Genetik
Genezing	Penyembuhan
Gezondheid	Kesehatan
Hart	Hati
Immuniteit	Imunitas
Lichaam	Tubuh
Neuropathie	Neuropati
Ontsteking	Peradangan
Sinus	Sinus
Syndroom	Sindrom
Therapie	Terapi
Zwak	Lemah

Zoogdieren
Mamalia

Aap	Monyet
Bever	Berang-Berang
Coyote	Coyote
Dolfijn	Lumba-Lumba
Ezel	Keledai
Geit	Kambing
Giraf	Jerapah
Gorilla	Gorila
Hond	Anjing
Kameel	Unta
Kangoeroe	Kanguru
Kat	Kucing
Konijn	Kelinci
Leeuw	Singa
Olifant	Gajah
Paard	Kuda
Stier	Banteng
Vos	Rubah
Walvis	Paus
Wolf	Serigala

Gefeliciteerd

Je hebt het gehaald!

We hopen dat u net zoveel plezier beleeft aan dit boek als wij aan het maken ervan. We doen ons best om spellen van hoge kwaliteit te maken.
Deze puzzels zijn op een slimme manier ontworpen zodat je actief kunt leren terwijl je plezier hebt!

Vond je ze mooi?

Een Eenvoudig Verzoek

Onze boeken bestaan dankzij de recensies die zij publiceren.
Kunt u ons helpen door nu een mening achter te laten ?

Hier is een korte link die u naar uw
bestellingen beoordelingspagina.

BestBooksActivity.com/Recensie50

FINAAL UITDAGING!

Uitdaging nr. 1

Klaar voor uw bonusspel? We gebruiken ze de hele tijd, maar ze zijn niet zo gemakkelijk te vinden. Hier zijn **Synoniemen!**

Noteer 5 woorden die je ontdekt hebt in elk van de onderstaande puzzels (nr. 21, nr. 36, nr. 76) en probeer voor elk woord 2 synoniemen te vinden.

*Notitie 5 Woorden uit **Puzzle 21***

Woorden	Synoniem 1	Synoniem 2

*Notitie 5 Woorden uit **Puzzle 36***

Woorden	Synoniem 1	Synoniem 2

*Notitie 5 Woorden uit **Puzzle 76***

Woorden	Synoniem 1	Synoniem 2

Uitdaging nr. 2

Nu je opgewarmd bent, noteer 5 woorden die je ontdekt hebt in elke hieronder genoteerde puzzel (nr. 9, nr. 17, nr. 25) en probeer voor elk woord 2 antoniemen te vinden. Hoeveel regels kan je doen in 20 minuten?

Notitie 5 Woorden uit **Puzzle 9**

Woorden	Antoniem 1	Antoniem 2

Notitie 5 Woorden uit **Puzzle 17**

Woorden	Antoniem 1	Antoniem 2

Notitie 5 Woorden uit **Puzzle 25**

Woorden	Antoniem 1	Antoniem 2

Uitdaging nr. 3

Prachtig, deze finaal uitdaging is makkelijk voor jou!

Klaar voor de laatste? Kies je 10 favoriete woorden die je in een van de puzzels hebt ontdekt en noteer ze hieronder.

1.	6.
2.	7.
3.	8.
4.	9.
5.	10.

De uitdaging is nu om met deze woorden en binnen een maximum van zes zinnen een tekst te schrijven over een persoon, dier of plaats waar je van houdt!

Tip: U kunt de laatste blanco pagina van dit boek als kladblaadje gebruiken!

Je schrijven:

NOTITIEBOEKJE:

TOT SNEL!

Linguas Classics

GENIET VAN GRATIS SPELLEN

GO

BESTACTIVITYBOOKS.COM/FREEGAMES